本书为国家自然科学基金面上项目"新兴产业颠覆性技术
与激励政策：创新生态系统视角"（72074061）阶段性

经管文库·管理类
前沿·学术·经典

开放式服务创新结构测量及
影响机制研究

RESEARCH ON STRUCTURE MEASUREMENT
AND IMPACT MECHANISM OF OPEN SERVICE
INNOVATION

王　今　邹纯龙　著

经济管理出版社
ECONOMY & MANAGEMENT PUBLISHING HOUSE

图书在版编目（CIP）数据

开放式服务创新结构测量及影响机制研究/王今，邹纯龙著.—北京：经济管理出版社，2023.1

ISBN 978-7-5096-8938-7

Ⅰ.①开⋯ Ⅱ.①王⋯ ②邹⋯ Ⅲ.①服务业—创新管理—研究 Ⅳ.①F719

中国国家版本馆 CIP 数据核字（2023）第 016032 号

组稿编辑：王　洋
责任编辑：王　洋
责任印制：许　艳
责任校对：蔡晓臻

出版发行：经济管理出版社
　　　　　（北京市海淀区北蜂窝 8 号中雅大厦 A 座 11 层　100038）
网　　址：www. E-mp. com. cn
电　　话：（010）51915602
印　　刷：唐山玺诚印务有限公司
经　　销：新华书店
开　　本：720mm×1000mm/16
印　　张：12.5
字　　数：210 千字
版　　次：2023 年 2 月第 1 版　　2023 年 2 月第 1 次印刷
书　　号：ISBN 978-7-5096-8938-7
定　　价：98.00 元

前　言

伴随产业链和供应链现代化水平的提高，服务业早已不再是传统"纯服务"的概念，而是逐渐向着多样化、智能化和个性化等模式发生转变。并且服务业与制造业间的协同进程加快，生产型制造的演进逐渐向服务型制造方向靠拢。在此情境下，开放式服务创新的运作模式应运而生，通过开放式服务创新，企业能够进行内外资源的优化配置、搭建服务逻辑主导的商业平台，使系统内的成员在共同演化的过程中协同发展，因此逐渐成为学术界与实践界不断探究与关注的对象。

本书回顾和总结了开放式服务创新、利益相关者导向、资源拼凑等相关变量的理论概念、维度测量和影响因素研究。在归纳总结现有文献的基础上提炼出以往研究的不足和局限，并得出本书的研究框架和内容，具体如下：

研究一：从商业模式创新视角全面阐述了开放式服务创新的内涵、结构与维度，并开发了测量量表。本书首先回顾了开放式服务创新的研究观点与不足，整合了开放式服务创新的原始概念与相关研究；其次提出包含服务逻辑思考、开放式整合途径和服务型商业模式的三维度结构；再次通过半结构式访谈的内容分析，得出适合中国组织情境的测量题项；最后基于 484 份问卷调查结果进行测试与实证检验。研究结果表明，开放式服务创新的三维结构设计具有合理性，该量表具有良好的信度和效度。

研究二：基于商业生态系统理论，同时结合动态能力理论和社会网络理论，提出了利益相关者导向对开放式服务创新的影响机制模型并提出了相关假设。通过 416 份有效问卷调查结果和实证检验，发现利益相关者导向通过资源拼凑、知识共创的中介作用对开放式服务创新有积极的影响。且资源拼凑和知识共创存在链式中介作用。另外，跨组织联结网络调节了利益相关者导向与资源拼凑、利益相关者导向与知识共创之间的正向关系，并对资源拼凑、知识共创的中介效应起到正调节作用。

研究三：采用案例研究法，对实证部分的开放式服务创新结构测量和影响机制研究进行说明。通过对西安陕鼓动力股份有限公司（以下简称"陕鼓动力"）的新闻媒体资料、学术文献和公开信息资源等进行收集与整理，探究了陕鼓动力的开放式服务创新结构维度及影响机制在组织内的具体表现。进一步地，通过内容分析与因果图分析法，解释了开放式服务创新的结构测量量表和利益相关者导向影响开放式服务创新的模型。

本书在最后总结了主要的研究结论：①开放式服务创新是一个具有三维结构的多维度变量。这三个维度是服务逻辑思考、开放式整合途径和服务型商业模式。②识别出利益相关者导向作用于开放式服务创新的特殊路径。发现了利益相关者导向能够通过资源拼凑和知识共创影响开放式服务创新，且资源拼凑与知识共创具有链式中介作用。③发现了跨组织联结网络是影响开放式服务创新的边界条件。它的影响方式是调节利益相关者导向与资源拼凑、知识共创的关系，并对资源拼凑、知识共创的中介效应具有调节作用。④识别出开放式服务创新理论在中国组织情境下的具体表现。在中国情境下，企业开放式服务创新的表现形式、形成原因与西方企业情境是存在一定差异的。

本书的理论贡献包括：①对开放式服务创新进行概念界定、量表开发和影响机制的理论与实证研究，构建了开放式服务创新理论的整体研究框架，是对开放式服务创新基础理论的完善。②揭示了利益相关者导向对开放式服务创新的影响机制，纳入资源拼凑和知识共创两个中介变量探究其作用路径，得出了跨组织联结网络的边界作用，补充了有关开放式服务创新的形成机制研究。③结合商业生态系统理论以拓宽开放式服务创新的研究视野，解释共生理念对开放式服务创新的影响，从而提炼开放式服务创新理论研究的新视角。④结合陕鼓动力案例进行多角度验证，增强本书开放式服务创新结构测量与影响机制研究的理论解释力。

目　录

第一章　绪论

一、研究背景

党的十九届五中全会审议通过了《中共中央关于制定国民经济和社会发展第十四个五年规划和二〇三五年远景目标的建议》（以下简称《建议》），该政策描绘了未来五年至十年我国经济社会发展的宏伟蓝图。在《建议》中人类命运共同体理念被深入推进，诠释了我党谋划新发展格局的战略思想，这一理念是对人类命运紧密相连规律的理性洞察，亦是对和而不同、兼收并蓄的交流体系的动向研判，为新时代构建包容、开放、普惠、共赢的经济环境提供指导。

与此同时，"加快发展现代产业体系，推动经济体系优化升级"在《建议》中被重点提出，为我国产业环境的新一轮变革指明方向。伴随产业链和供应链现代化水平的提高，产业环境也开始了新一轮重塑升级，服务创新和服务化转型逐渐成为产业升级的重要方向（Kohtamäki & Henneberg，2019；Tronvoll et al.，2020）。因此，为促进服务价值的持续增长与服务连续化，企业间相互依存与多层次交互成为这一阶段价值共创的关键因素，对企业发展模式和成长机制产生深刻影响（Jespersen，2018；Jakubik，2018）。

可见，当新经济浪潮以理论上未经探索的方式改变着价值创造的过程时，知识工作、专业、组织等边界愈加模糊，企业之间的依赖性不断加强（Aristidou & Barrett，2018；Ganco et al.，2019），大家逐渐认识到只有通过合作才能创造个体无法独立创造的价值（Benner & Tushman，2015；Lifshitz-Assaf，2018），唯有跨越边界协同共生才会实现持续的共赢（陶小龙等，2021）。这种日益激起的合作共生理念是对人类命运共同体思想的印证，要求企业重新思考价值增长方式及商业模式，以共同演化为目标来应对动态环境的挑战（Kapoor & Agarwal，2017）。

在此情境下，开放式服务创新的运作模式应运而生，通过开放式服务创新，企业能够进行内外资源的优化配置、搭建服务逻辑主导的商业平台（Chesbrough，2013），使系统内的成员在共同演化的过程中实现协同发展（Jacobides et al.，2018；郑帅和王海军，2021）。然而，既然作为企业践行共生理念并应对产业升级的重要手段，为何会在规划与推进中困难重重。主要的原因可能在于：一是企业尚且没有完全跳出"竞争"思维的围限，还局限于个体竞争优势的培育过程；二是当前的商业环境中，知识是广泛分布的，企业很难有效识别并准确获取有益于开放式服务创新的知识；三是多主体参与的开放式环境使企业常常面临不确定性，从而造成难以抉择的局面，因此不愿承担未知选择可能导致的成本抬高风险而放弃。可见尚未完善的开放式服务创新理论还无法满足指导企业开放式服务创新实践的需要，缺乏理论支持的困境使企业对开放式服务创新模式望而却步。

鉴于开放式服务创新研究的价值性和重要性，学术界对开放式服务创新也在持续关注，并相继产生一些研究成果：

（1）关于开放式服务创新的结构维度与测量。

学者们从不同视角提出了开放式服务创新的结构维度与测量量表，主要分为两类。一是基于资源流动视角的开放式服务创新维度划分，该维度反映了以知识为形态的资源能够产生由外到内、由内到外和由外到外等不同方向的转换，关注组织边界上资源流动的方向与创新组织形式的结合（Gianiodis et al.，2014；陈志明，2018）。二是基于服务创新视角的开放式服务创新量表，该类量表以提升服务供给为重心，一方面强调对服务效果与服务绩效的测量（Agarwal & Selen，2011；刘鹏程，2016）；另一方面侧重对服务过程的测量，从服务目的、合作过程到市场效果，强调对整体服务创新过程的探究（彭本红和武柏宇，2017；彭本红和仲钊强，2020）。

（2）关于影响开放式服务创新的因素。

一是基于外部环境压力层面。如区域法律法规、外部创新网络、网络嵌入等是驱动开放式服务创新的主要因素（Chesbrough，2013；周键等，2018；彭本红和仲钊强，2020）。二是基于外部能力层面。如协同社会技术、跨界搜索模式、跨界搜索能力、治理机制、风险治理能力等，管理和获取外部资源的能力能够促进开放式服务创新（Di Gangi et al.，2010，刘鹏程等，2016；彭本红等，2017；2020；彭本红和武柏宇，2017；彭本红和仲钊强，2020）。三是合同治理、关系治理、双重社会资本、二元学习等，运用外部知识的能力会促进开放式服务创新的提升（彭本红和武柏宇，2016；屠羽和彭本红，2017）。四是企业家特质、战略创新系统等企业内部的能力对开放式服务创新具有影响（彭本红等，2020）。

（3）关于开放式服务创新的模式。

一是基于不同的研究切入点，开放式服务创新的模式呈现不同特征。从知识的转化入手，体现为多方参与的知识获取、知识转化，从而逐步完成创意设计、服务产生和绩效提高的过程（王娜和陈春琴，2016）。二是从资源流动方向切入，体现为外部创新主体和创新组织由外向内的资源扫描及创意产生过程、由内而外的解决方案商业化的过程、由外向外的解决方案平台传播过程等（Gianiodis et al.，2014；陈志明，2018）。

然而，这些研究存在以下不足：

（1）未能形成一致且系统的本土化量表测量开放式服务创新。

一是现有研究或是从"资源流动方向"的角度入手，或是以"服务创新"为重点对开放式服务创新进行维度建构和测量。它们各自的视角不同且无法统一，这对后续开放式服务创新研究的扩展和深入存在障碍。并且开放式服务创新虽为一个复合概念包含"开放式"和"服务创新"两个因素，但作为一种全新形式的创新过程，其中所包含的内容不能仅看作是服务创新与开放式创新的叠加，更在于商业模式的创新（Chesbrough，2013）。所以，现有基于某单一视角对开放式服务创新的测量是片面的且不完整的，这样不利于学界对开放式服务创新的准确理解。二是开放式服务创新的测量研究大多源于西方，直接借用这些基于国外组织调查开发的量表是否具有本土情境的适应性尚且无法确定。

（2）未能深入剖析共生视角下开放式服务创新的形成机制。

现有研究大多从自利的视角关注企业维护关系、获取和利用外部资源等因素对开放式服务创新的影响。尽管摒弃了内生性增长理论只关注内部研发及创新，而转向对外部资源的获取、合作等方面的探讨，但这些结论最终仍然回归于如何提高企业自身的竞争力。然而新时代商业环境的迅速变化，企业仅仅限制于传统"竞争力"思维的框架是难以持续成长的。因为无论是对抗性竞争，还是以合作为手段的竞争，都会因逆向选择和道德风险带来不确定结果（刘满凤和赵珑，2019）。当商业领域依存关系不断加强，企业所处生态系统的质量和前景将是关乎企业发展的重要因素，此时协同生态系统中的利益相关者才是共同创造价值，维系持久价值的关键动因（Brodie & Gustafsson, 2016; Myhren, 2018）。因此，如何探索并运用、营造良好的商业生态来重塑价值创造规则是企业亟待思考的，所以忽略共生视角对开放式服务创新形成机制的研究无法满足时代和环境需求，也不能对逐渐嵌入于商业生态系统中的企业起到良好的指导作用。

（3）未能基于中国本土案例诠释并验证开放式服务创新理论。

本书所聚焦的开放式服务创新，是起源于国外组织情境的构念，缺乏在本土化案例中的系统研究，在中国情境下开放式服务创新的表现形式和形成原因是与西方国家的情况存在差异的。管理者只有掌握、了解开放式服务创新及其相关影响因素与逻辑关系在中国组织情境的具体实践表现，才能对企业开放式服务创新的运营流程有正确的判断和认识，从而促进国内在开放式服务创新领域的学术积累。

二、研究目的

为了解决上述三个理论缺口，本书首先从商业模式创新的视角探究开放式服务创新的内涵与结构维度，开发开放式服务创新的测量量表。其次基于商业生态系统理论、社会网络理论和动态能力理论，探究利益相关者导向对开放式服务创新的影响机制。最后基于以陕鼓动力公司为例的解释性案例研究，对开放式服务创新的内涵结构及变量关系进行本土化管理的实践说明。通过这三个部分的理论和实证研究对开放式服务创新的结构测量和影响机制进行实证与案例说明，从而构建开放式服务创新的完整理论框架。具体来说，本书的主要目的包括以下四个方面：

第一，深入探讨开放式服务创新的内涵、维度及测量题项，提供利益相关者导向对开放式服务创新影响机制实证研究的测量分析工具，并能够为形成完整研究体系奠定基础。现有结构维度与测量量表仅仅考虑了资源流动和服务创新的单一视角，缺乏对开放式服务创新的深层内涵与独有特征的考虑。同时，还有以网络平台企业为依托的测量题项，主要针对平台企业重点突出了技术特征，但能否应用于其他不同类型的企业还缺乏探讨。为了解决上述问题，本书回归概念提出者 Chesbrough（2013）的研究，通过对原始概念及相关研究的提炼与整合，全面阐述开放式服务创新的内涵结构，并依据对本土企业工作者的半结构访谈及内容分析提炼测量题项，最后经过大量调研数据进行实证检验，开发了开放式服务创新的测量量表。

第二，探讨最有助于提高企业开放式服务创新水平的途径，挖掘利益相关者导向的本质及其对开放式服务创新的重要影响作用。基于商业生态系统理论，以共生为视角说明利益相关者导向对开放式服务创新的正向影响。利益相关者导向体现了企业与其他主体合作中的互惠利他主张，不仅要求企业打破传统组织界限和产业界限，以价值创造为纽带，将企业、顾客和环境等联系在一起，而且要通过合作与协同实现"共赢"，维护好与利益相关者主体的有序关系（辛本禄和王今，2019）。通过上述研究，能够较好地解决如何在共生的商业生态中成功践行开放式服务创新，挖掘利益相关者导向在新时代营商环境及其对开放式服务创新的重要作用。

第三，研究接受相同利益相关者导向战略的企业是否以及为何在开放式服务创新水平度上存在差异，分析利益相关者导向与开放式服务创新关系间是否存在某种中介作用及调节效应的影响。结合社会网络理论，本书将提取资源拼凑和知识共创解释利益相关者导向对开放式服务创新的影响机制，选择跨组织联结网络解释其存在的边界作用。回答好"利益相关者导向如何影响开放式服务创新"，以及"是否能够有某种手段促进开放式服务创新的成长"这两个问题。这有助于深入了解开放式服务创新的形成机制和边界条件，从而有效应对新时代商业环境的挑战与需求。

第四，通过我国企业西安陕鼓动力股份有限公司（以下简称"陕鼓动力"）的案例对开放式服务创新量表开发和利益相关者导向对开放式服务创新影响机制研究进行说明。不仅再次解释说明现实环境中变量的具体表现和重要变量间的相互关系，对所形成的初步结论进一步强化，从而建构出更完善的开放式服务创新理论体系。而且结合中国组织情境进行案例分析，能够有效实现这一概念在中国管理学研究的本土化，使企业管理者易于理解并付诸实施。另外，结合案例研究能够描述清楚开放式服务创新的情境，展示过程和揭示关系，有助于实践者在实际运营管理中进行蓝图设计，从而增强了结论的可操作性和实践性。

三、研究意义

（一）理论意义

（1）厘清并开发开放式服务创新的内涵、维度与量表，完善开放式服务创新基础内涵研究。

由于开放式服务创新的维度划分和研究视角各不相同，所以相关结构维度及测量指标存在较大的差异，并且国内学术界鲜见对开放式服务创新的量表开发研究。因此，本书基于开放式服务创新概念提出者 Chesbrough（2013）的最初设想，从商业模式创新视角，提取并整合该构念的内容。再参考相关研究，对开放式服务创新的内涵与维度进行重新探讨。然后结合本土企业员工的半结构访谈内容开发开放式服务创新的测量题项并进行实证检验，从而弥补单一视角的开放式服务创新维度及测量研究。这不仅是对现有开放式服务创新研究的丰富与完善，还为管理学界与实践领域更好地认识与推进企业开放式服务创新提供一定的理论依据。

（2）基于商业生态系统观点，提炼开放式服务创新研究新视角。

开放式服务创新对企业的重要性日益凸显并得到了越来越多学者的关注。然而在较多的研究中切入共生视角的讨论仍不够充分。实际上，企业要想成功仅加强自身建设是不够的，还要塑造并依托整个商业生态系统，因为其所处生态系统的质量和前景关乎着企业的发展，而协同生态系统中的利益相关者才是共同创造价值的重要动力（Brodie & Gustafsson，2016；Myhren，2018）。从这个意义上说，依据商业生态系统理论，引入共生思想探讨管理模式及其成因是全面认识开放式服务创新的关键任务。因此，结合商业生态系统理论不仅有助于拓宽开放式服务创新的视野，解释共生对开放式服务创新的影响，同时也能够提炼开放式服务创新理论研究的新视角。

（3）系统探索利益相关者导向对开放式服务创新的影响机制，完善开放式服务创新形成研究。

战略管理领域，有关利益相关者的研究焦点主要集中于企业行为、企业绩效、价值创造等方面（Bosse et al.，2009；齐宝鑫和武亚军，2018）。当利益相关者导向被视为一种可执行的战略，能控制全局和长远发展方向、目标和政策时，它能对企业创新产生怎样的影响也是管理学界需要思考的问题。基于社会网络理论，本书探索了利益相关者导向对开放式服务创新产生影响的过程，根据社会网络资源的获取和整合等内容，提出资源拼凑、知识共创和跨组织联结网络等重要变量的中介和调节作用，以此得出利益相关者导向对开放式服务创新产生影响的内在机理和边界条件，并通过实证研究进行检验。从而明晰利益相关者导向推动开放式服务创新的作用机制，这不仅是对社会网络理论解释力的再次印证，更是拓展了开放式服务创新形成方面的研究内容。

（4）结合陕鼓动力案例进行多角度解释，增强开放式服务创新理论的解释力。

本书通过案例研究法，以陕鼓动力为样本，以组织内的管理实践为分析内容，基于所收集到的媒体报道素材、学术期刊和公司公开资料，进行内容分析和因果图分析。据此能进一步印证本书提出的理论内涵、结构维度和变量间关系，这也是对本书的实证结果的多重说明。依据这种定量和定性相结合的方式，能使本书的研究结论更加具有可信度，不仅强化了开放式服务创新形成机理的解释力，更是对开放式服务创新理论的深化与补充。

（二）现实意义

（1）有助于管理者顺应环境趋势了解并推动开放式服务创新成长。

本书对开放式服务创新内涵、维度进行系统研究并开发测量题项，有助于管理者科学认知并提供测量工具。在新时代商业环境下，帮助企业构建开放式服务创新模式是维护企业成长，实现可持续发展的关键。由于开放式服务创新的理论匮乏和企业自身惯性等原因，造成企业不能随时应对环境变化与需求，也因此对是否转变思维，转向开放式服务创新模式并投入前期资源而心存疑虑和不确定。在此情境下，如何正确理解并认识这种新的开放式服务创新商业模式迫在眉睫。因此，本书挖掘了企业开放式服务创新的内涵，探讨了什么是开放式服务创新，以及这种商业模式创新有什么特点。只有厘清并洞悉开放式服务创新的本质与构成，才会对这种模式有准确的认知判断，从而为决策者提供基本的理论支持和选择依据。

（2）提炼利益相关者导向的关键内容与推行方式，助推企业在变幻莫测的商业生态中持续成长。

处在变革时代的企业很难依靠自身的资源和能力获得持续的竞争力，因而逐渐将管理领域拓展到供应链，拓展到整个商业生态系统（Kapoor & Agarwal，2018）。这就要求企业必须跳出自利的框架，以共生为理念通过互惠利他的方式积极地进行关系管理，从而与生态系统中的利益相关者协同发展共同创造价值（Brodie & Gustafsson，2016；Myhren，2018；Lee et al.，2020）。因此本书立足利益相关者导向战略，有针对性地分析这一概念的内容与影响，使企业看到利益相关者导向的长期优势和坚持的必要性，从而突破对单一经济利益的追求，为企业实现经济、社会和政治利益等及与各主体的协调提供参考性建议。

（3）解释接受相同利益相关者导向却出现差异的原因，为企业促进资源拼凑与知识共创提供建议。

企业处在日新月异的动态环境中，较高的资源拼凑能力可以挖掘资源属性中未被关注的新价值，以有效应对变化（Salunke，2013；吴亮等，2016），从而使企业具备开放式服务创新的资源基础。除提高资源拼凑能力外，企业能够践行利益相关者导向并实现高水平开放式服务创新，更离不开企业的知识共创活动，在这个过程中，技术、思想和信息的交流使不同主体有条件共同创造新的知识（Wallin & von Krogh，2010；Snyder et al.，2016），从而能获得企业开放式服务创新的知识来源。因此，本书为明确利益相关者导向的影响机理，提出并验证了资源拼凑和知识共创的路径作用、跨组织联结网络的边界作用，能够为管理者如何采取措施提高开放式服务创新水平提供具体建议。

四、研究的创新之处

从企业开放式服务创新的内涵与结构着手，本书开发了开放式服务创新的测量量表，探究了企业开放式服务创新在利益相关者导向作用下的形成机制，并且结合实证研究与解释性单案例研究的方式对上述结构测量量表与形成机制进行验证与说明。本书包含如下创新之处：

（1）厘清了开放式服务创新的核心内涵与结构维度。

基于对开放式服务创新概念的梳理，发现学者们主要围绕两种视角展开研究。第一种是关注资源流动的方向，突出开放式服务创新的过程，体现为在投入、流程与产出中整合由内到外、由外到内、由外到外的开放式服务创新活动。第二种是以服务创新为目的，关注开放式服务创新过程中的服务逻辑，即从服务的角度重新思考一切业务，通过与顾客、供应商、研究机构等主体合作以实现对服务系统的改进和服务绩效的提高。正因为对开放式服务创新的定义和维度划分存在分歧，使现有研究各自为政，从而难以对开放式服务创新的特征有较为准确的认知，而且容易造成对开放式服务创新的片面理解，亦导致现实企业开放式服务创新活动无法有效展开与推进。

本书基于 Chesbrough 最初提出的开放式服务创新概念，进行深入分析把握其中的内涵与特征，并结合相关研究从商业模式创新的视角入手，构建了包含服务逻辑思考、开放式整合途径、服务型商业模式的三个维度。服务逻辑思考体现了企业以为顾客提供满意的服务为一切业务的逻辑起点，将服务融入各项业务的考量中；开放式整合途径体现了企业要积极将内外部资源、知识进行整合，并开拓内外部渠道进行市场化同时汲取异质性、多样化的知识；服务型商业模式体现了企业不断调整业务、收益等方式，通过内部结构重塑与企业平台化实现向服务型商业模式的转变，是开放式服务创新的重要体现。这不仅能够全面地反映企业开放式服务创新的本质与特征，也为更好嵌入我国组织情境提出明晰的界定。

（2）开发了开放式服务创新的本土化测量量表。

经过开放式服务创新的文献梳理与分析，可以看到现有对开放式服务创新的内涵界定仍存在争议，这一概念的维度划分与测量亦存在不同视角和版本。后续的研究往往只能选择其中某一单一视角的测量题项，或借鉴、改良相近概念的量表。然而这样的测量效果是无法准确展示开放式服务创新全貌的，更不能完全反映出开放式服务创新的本质特征与深层内涵，甚至对研究结果造成一定的歧义。另外，应用较多的开放式服务创新量表主要来源于国外文献，产生于对国外组织情境的研究。尽管国内学者已经通过实证方法检验了这些量表的一致性与稳定性，但考虑到思维逻辑与分析方式的不同，并且在翻译的过程中难免存在偏差，所以其测量效果及适应性还存在一定疑虑。

鉴于此，本书首先在分析原始概念和相关研究的基础上总结出服务逻辑思考、开放式整合途径、服务型商业模式三个维度；其次结合半结构式访谈及内容分析，提炼出具有本土化特征的测量题项；再次基于这些题项进行大规模问卷调研及实证检验，确保量表题项能够反映开放式服务创新的内涵；最后根据检验结果得到包含三个维度及十个题项的开放式服务创新结构测量量表。且在后续的预调研、正式调研及其数据分析中，也就是开放式服务创新形成机制的数据统计结果，均证明该量表具有一定的可信性与可行性。该量表的开发能为学界继续关注开放式服务创新研究提供更加全面、准确的测量题项，也能够使大家更好地理解开放式服务创新的过程与本质。

（3）从共生视角揭示了利益相关者导向作用于开放式服务创新的形成机制。

企业开放式服务创新的形成主要源于外部因素的推动，一方面，基于外部环境压力层面。另一方面，基于外部能力层面，包括协同社会技术、跨界搜索模式、跨界搜索能力、治理机制、风险治理能力等管理和获取外部资源的能力，以及合同治理、关系治理、双重社会资本、二元学习等运用外部知识的能力。尽管现有研究已从外部层面展开了系统分析，但这些因素都聚焦于企业自身的创新水平和创新绩效如何提高，是一种自利的视角未脱离企业竞争的框架。然而，环境的动态不确定作用显著加剧，企业之间的依赖性不断加强，大家逐渐认识到通过合作才能创造个体无法独立创造的价值，唯有共生才能实现持续的共赢，因此企业要以共生的思维理解整个商业生态系统的发展。

基于此，本书基于商业生态系统理论，结合社会网络理论和动态能力理论，意在探究清楚利益相关者导向作用于开放式服务创新的形成机制。主要依据上文提出的开放式服务创新的内涵与维度，从共生视角对利益相关者导向推动资源拼凑和知识共创进而提高开放式服务创新的机理进行深入探究。据此能够促进利益相关者导向发挥影响并打开开放式服务创新的"黑箱"以及找出上述过程发挥作用的边界条件，从而为厘清影响开放式服务创新的因素提供重要依据。

（4）首次采用陕鼓动力为案例解释说明开放式服务创新的结构测量与形成机制研究。

就管理学而言，好的研究往往围绕或能描述一个"有意思的故事"。当一项理论研究其核心观点和概念关系能够被串联，呈现在一个完整的故事情境中时，就会使人印象深刻兴趣盎然。本书主要选择解释性案例研究的方法，该方法所应用的研究数据取材于现实情境，扎根于实践生活，帮助研究者聚焦大量丰富、灵活的素材。有利于对本书所归纳的开放式服务创新概念、开发的结构测量量表和提出的研究假设进行实践说明，从而实现"理论建构"到"讲好故事"的多元呈现。

基于此，本书通过解释性案例研究的方式，对企业开放式服务创新内涵、结构测量与形成机制研究进行案例说明，主要选取西安陕鼓动力股份有限公司作为样本企业，通过三角验证原则收集多元化资料，进行内容分析与因果图分析，对涉及的核心变量与变量之间的关系进行描述，使提出的概念及模型在现实情境中得以细致刻画。这不仅有利于提高结论的普适性，更是将开放式服务创新结构测量及其形成机理进行实践层面的分析、提炼和升华。使开放式服务创新这一抽象的管理学理念在案例分析的综合故事线中得以形象地展示。

五、研究方法与技术路线

（一）研究方法

本书兼顾定性与定量方法，首先在进行文献综述的基础上提出开放式服务创新的内涵维度，再结合半结构访谈内容开发测量题项及实证检验。其次构建开放式服务创新形成机制的理论框架并提出研究假设，通过问卷调查法与实证研究法对所提假设进行检验。最后通过案例分析法再次解释说明开放式服务创新结构测量和形成机制研究。具体研究方法如下：

1. 文献分析法

文献分析法的数据来源于中国知网、万方等中文数据库，和 Web of Science、Google 等外文数据库，主要围绕研究的核心内容，对开放式服务创新、利益相关者导向、资源拼凑、知识共创、跨组织联结网络等重要变量进行检索、筛选与分析，厘清现有研究的缺口并明确新的研究价值和重点。

2. 访谈法

访谈法就是通过与受访者直接交谈，了解他们对某一问题现实状况的看法，从而获得更多信息和资料的调查方法（侯典牧，2014）。相较于其他的调查方法，访谈具有灵活性、直接性和深入性的特点，在社会学与管理学的研究中具有非常重要的作用（郑震，2016）。根据访谈内容设计与控制程度的不同，大致可分为三种形式，即结构式访谈、开放式访谈、介于二者之间的半结构式访谈。在上述三种常见的访谈形式中，半结构式访谈的特点在于，访谈者依据粗线条的访谈提纲可以对访谈进行适当控制，相对灵活也有机会深入地访问和探寻（Wengraf，2001）。这种访谈形式有利于访谈者获得较为真实、深层次的资料，相对开放式访谈也方便进行系统分析。结合本书所关注的研究对象和研究核心内容，选择半结构式访谈法。

3. 问卷调查法

问卷调查法是在管理学研究中应用较为广泛的方法，因其能够突破时间与地理的局限获取大量一手研究资料，具有省时且省力的优势。并且当问卷调查的样本足够大且量表的信度和效度均较高时，能够获得质量较高的研究数据，这非常有利于对调查结果进行定量分析。同时问卷匿名的方式会保护填写问卷者的隐私、减少一定顾虑，对调查一些敏感、尖锐问题具有较强的可操作性和适应性（侯典牧，2014）。因此，本书将采用问卷调查法进行预调研与正式调研中的数据收集，经过大规模跨省市问卷发放，将所回收问卷进行详细删选、汇总。一是用于开放式服务创新测量量表开发的信度和效度检验，二是用于开放式服务创新形成机制的实证检验。

4. 实证研究法

实证研究法在本书主要应用于开放式服务创新量表开发、利益相关者导向对开放式服务创新形成机制实证研究的预调研与正式调研三个部分：其中，量表开发主要借助 SPSS，涉及项目分析、维度净化与题项净化等。预调研借助 SPSS 等统计工具进行计算，包括信度、效度、探索性因子分析等。正式调研经历大规模跨省市调查，将回收问卷进行详细删选，所得的有效问卷汇总为本书所用数据，通过 SPSS 24.0、MPLUS 7.4 软件对其进行描述性统计、信度效度、同源方差检验、假设检验等方面的分析。

5. 案例分析法

案例分析法是一种在自然情境下通过观察社会现象探究复杂结构的研究方法，往往能揭示管理实践背后的隐性知识，与定量实证研究的演绎逻辑互为补充。基于对典型案例企业现实资料的内容分析可以总结构念特征以归纳研究问题的内在逻辑，为进一步解释变量间关系假设，并构建完整的理论框架提供实践依据。本书采用解释性单案例研究的方法，对开放式服务创新内涵及其形成机制从实践的层面解码，结合因果分析图法对形成机制中所提出的相关假设进行说明，从而增进研究结果的可信性。

（二）技术路线

本书的技术路线如图 1.1 所示。

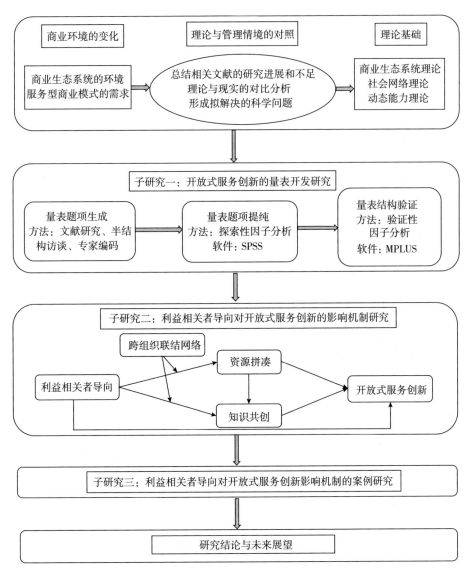

图 1.1 本书的技术路线

六、研究结构

结合所提出的技术路线与方法，本书分为六章，其中包含三个重要的子研究部分。首先，文献梳理及整合部分，主要对已有的开放式服务创新、利益相关者导向、资源拼凑等相关变量进行系统分析与评述，为后续进展提供基础研究的支持。其次，本书的子研究一，对开放式服务创新的量表进行开发与实证检验；子研究二，开放式服务创新在利益相关者导向作用下的形成机制的实证研究；子研究三，通过案例分析对上述理论与实证研究进行实践说明。最后，结论及展望部分，对研究的理论与实践意义进行归纳总结，并提出不足和未来展望。具体包括如下六章：

第一章：绪论。首先提出开放式服务创新的政策与经济背景，从而厘清需要解决的问题。其次论述本书的理论贡献和管理启示，在此基础上阐明创新之处。最后介绍本书的研究方法、技术路线和研究结构。

第二章：文献综述。主要围绕开放式服务创新、利益相关者导向、资源拼凑、知识共创、跨组织联结网络五个变量。首先按照时间序列或角度差异回顾并总结这五个变量的内涵特征，其次结合不同研究视角厘清结构维度与测量方式，最后根据本书需求总结研究现状。为厘清本书中各变量间关系打下基础，也为研究利益相关者导向对开放式服务创新的作用路径及整体研究框架提供理论支持。

第三章：开放式服务创新的量表开发研究。回顾并分析现有关于开放式服务创新维度划分与测量题项的现状及不足，论证开放式服务创新量表开发的必要性。结合定量与定性研究的混合方案，从商业模式创新的视角入手，探索开放式服务创新的结构内涵。再结合半结构式访谈内容进行编码分析，提炼出具有本土适应性的企业开放式服务创新测量题项。最后基于问卷调研的数据进行开放式服务创新测量题项的信度与效度检验。

第四章：利益相关者导向对开放式服务创新的影响机制研究。在对相关变量进行文献梳理与整合的基础上，系统分析商业生态系统理论、社会网络理论和动态能力理论的观点及与本书的关系，基于此构建以利益相关者导向为自变量，资源拼凑和知识共创为中介变量，跨组织联结网络为调节变量，开放式服务创新为因变量的理论框架。通过理论与文献研究推论各变量间关系，作出相应假设并进行实证检验。

第五章：案例研究。采用解释性案例研究法首先获取多元化研究资料对案例企业深入剖析。在此基础上结合内容分析和因果图分析法解释开放式服务创新结构测量与形成机制研究，为本书提出的结构维度与变量间关系模型的科学性与可行性进行实践说明。

第六章：研究结论及展望。总结了研究所得出的重要结论，并阐述结论的理论贡献与管理启示。此外，对研究仍存在的不足与局限予以说明，并指出未来可继续改进的地方与深入探究的方向。

第二章　文献综述

　　本章系统梳理了开放式服务创新、利益相关者导向、资源拼凑、知识共创、跨组织联结网络五个变量的内涵、结构维度及相关研究现状，并在此基础上进行评述。这既为厘清变量内容与本质夯实基础，也为探寻适应本书的结构测量量表提供依据，更为确定变量间关系、搭建合理模型框架提供重要思路与支撑。

一、开放式服务创新

（一）开放式服务创新的内涵

　　开放式服务创新（open service innovation）最早由 Chesbrough 于 2011 年在《开放式服务创新：重新思考企业在新时代的发展和竞争》中正式提出并详细论证，2013 年这一书由蔺雷和张晓思翻译并在清华大学出版社出版。在他早期的研究中，开放式创新范式（open innovation，OI），被认为是企业在资源配置与市场营销中应该均衡地利用内外部资源与内外部渠道（Chesbrough，2003）。

　　此后，开放式创新被引入服务业务领域解释"产品化竞争"压力的缓解作用（Chesbrough，2006），强调开放式服务创新框架如何有助于利用商业化资源来为顾客创造价值提供新服务体验或新服务解决方案（Teece，2007；Kelleher & Céilleachair，2012）。

　　随着研究的深入，开放式服务创新上升为商业模式进行讨论，主张企业要从服务的角度重新思考一切业务，通过与用户建立合作和开放式资源整合方式来创造价值，以打造健康的商业生态平台（Chesbrough，2013）。沿着这一观点，学者屠羽和彭本红（2017）结合平台企业特征，定义开放式服务创新是平台企业通过突破组织边界、整合内外部资源，利用互联网的交互性和去中心化等特征实现企业基础架构的服务流程升级与资源整合过程服务化的一种创新模式。

另外，从资源流动视角。开放式服务创新被认为是一种通过特定方式进行服务创新管理的过程，这个过程体现为有目的地使知识资源流入或流出组织边界，经外部渠道或内部渠道完成创新，包括由内而外的创新、由外而内的创新、由外而外的创新，从而实现不断升级的服务供给（ESO）（周键等，2018）。

再者，从创新过程视角。开放式服务创新包括双向关系和双向创新过程，主要任务为准确地识别外部合作伙伴（Piller & West，2014）。Randhawa（2016）则认为这种创新过程主要发生在交互式协作中，新的知识会在企业外部的协作活动中产生。依据组织创新的特征，周键等（2018）将开放式服务创新定义为一种在投入、流程、产出中进行的服务创新活动，是通过分布式管理模式实现服务创新的过程。

综上所述，参考 Chesbrough（2013）的观点并结合本书需求将开放式服务创新定义为，从服务的角度重新思考一切业务，通过与利益相关者建立合作实现开放式资源整合，以促成服务型商业模式的升级到商业生态平台的构建。该概念体现为三个层面的特点：①要对现有的业务进行服务化思考，服务型企业体现为对现有服务业务进行创新增强优质服务体验，制造型企业要关注产品的服务性能，对制造服务化方面的供给进行思考；②要求企业突破组织边界和知识边界，积极获取外部资源以内部化，并促进内部创意外部化；③实现商业模式的转变，并通过构建平台来实现资源和创意的服务价值。

（二）开放式服务创新的维度及测量

开放式服务创新的研究理念颇为重要，已然得到理论界与实务界的关注，不同学者在探讨时都从各自视角提出观点。

一是从资源流动的视角出发，大多学者根据知识资源流动方向的不同，从内向型（inbound）和外向型（outbound）两种方式划分开放式服务创新（Gianiodis et al.，2014；陈志明，2018）。为了进一步区分交易要素，Dahlander 和 Gann（2010）认为开放式服务创新可以划分为内向整合型（acquiring）、内向获取型

（sourcing）、外向释放型（revealing）与外向出售/授权型（selling/licensing）四种类型。

二是以服务升级为视角，刘鹏程等（2016）在 Agarwal 等研究的基础上开发和设计了包含 OSI—战略、OSI—生产率和 OSI—绩效三个方面的开放式服务创新的 17 题量表，侧重于对绩效结果的考量。而彭本红和武柏宇（2016）参考 Storey 和 Kelly（2001）有关服务升级的研究，从市场绩效、服务绩效和协作绩效三个维度进行测定，包括市场扩展情况（即市场绩效）、服务水平情况（即服务绩效）和多方合作效率（即协作绩效）。

三是从技术整合的视角，屠羽和彭本红（2016）以开放平台为研究对象将开放式服务创新操作化为 4 个题项，如平台企业资源整合技术的使用频率高。

四是从利益相关者入手，以顾客、供应商、竞争者、大学和研究机构为维度，学者们分析了经验分享和知识源等对开放式服务创新的重要贡献（王坤和骆温平，2016）。

五是从研究背景的视角出发。根据开放式服务创新活动所在的行业可划分为两大类，即服务业领域的开放式服务创新与制造业领域的开放式服务创新（Tether & Bascavusoglu-Moreau，2011）。

从现有研究状况不难发现如下问题，首先，国内外均未形成统一的维度划分和测量题项研究，这对于后续的深入和准确认知这一概念都存在障碍。其次，现有研究主要包含的资源流动视角和服务升级视角，仅关注以开放式途径为重点，或以服务创新为重点的单一方面，使研究结果不能完全反映开放式服务创新的全貌也没有突出这一理念的特性。再次，我国少数学者直接改进西方相近研究的测量题项虽然也在本土研究中通过了信度效度检验，但可能会因为"强制一致性"而削弱说服力。最后，屠羽和彭本红（2016）在系统分析后改进了量表虽经过理论与实证讨论，但以平台企业为研究对象的指标偏重于技术与核心资源，这在测量其他形式的企业时是否具有足够的说服力还需验证。

（三）开放式服务创新的相关理论及研究

在开放式服务创新概念提出之后学者们纷纷从各个方面进行探究，现有的研究并不充足，主要体现为开放式服务创新的影响因素和运作模式两个方面，并包含在不同的研究领域和研究对象中。

1. 开放式服务创新的前因变量

从外部环境因素的推动作用来看，开放式服务创新模式会受到现行法律法规与当地政策的影响，尤其是知识所属权等问题的政策制度等（Chesbrough，2013）。研究者指出了这些政策法规能够影响知识产权的归属、利益分配等问题，进而对开放式服务创新产生影响。在分析欧盟发布的《开放式服务创新的社会经济影响》报告中，Sargsyan 等（2011）阐述了各国的法律政策如何影响开放式服务创新。与此同时，外部环境因素中知识产权、产业结构、经济转型、风险投资均会对开放式服务创新产生影响（赵武等，2016），但这些观点尚且在探索性阶段，缺乏足够的理论支持。从影响效果来看，不同种类的网络嵌入对开放式服务创新影响效果不同（彭本红和仲钊强，2020）。

从外部资源的获取和管理能力来看。一是外部资源的获取能力包括外界搜索嵌入模式、跨界搜索路径模式（彭本红和武柏宇，2017）；组织边界跨越能力（刘鹏程等，2016）；合同治理和关系治理，即通过与合作伙伴的契约和修订契约以维护良好的关系（彭本红和武柏宇，2016）；双重社会资本，即从当地网络开展产业链分工、合作获取社会资本，和与本地社会网络外部主体联系获得社会资本的双路径资本获得能力（屠羽和彭本红，2017）；治理机制，即对网络结构的管理（彭本红和仲钊强，2020）

二是外部资源的整合和利用能力包括动态能力、知识整合等能力（刘鹏程等，2016；彭本红和武柏宇，2017）；围绕利用式学习和探索式学习的二元学习等能力（屠羽和彭本红，2017），这些因素不仅能够影响开放式服务创新，而且在形成开放式服务创新的过程中起到中介作用。另外，Mina 等（2014）实证检验了推动开放式服务创新成功的因素包括参与到创新中的主体数量与投入创新和研发费用。

从创新中介来看。学者们从服务主导的角度扩展了服务创新理论和协作创新研究，提出创新中介因素在服务网络或服务生态系统中是影响开放式服务创新的关键（Vargo & Lusch，2004，2016；Ordanini & Parasuraman，2010）。Randhawa 等（2016，2018）认为创新中介在服务生态系统中具有积极作用，强调受益人（公司、客户和供应商）之间的关系（Lusch et al.，2010；Kindström et al.，2013）。通过创新中介，能够提高与顾客间的协同创造能力，这有助于部署顾客参与技术、营销等开发方面的活动，帮助顾客克服内部障碍以推动开放式服务创新的持续进行（Lusch & Nambisan，2015）。

从组织行为学视角出发，领导方式的不同类型会影响个体层面的开放式服务创新行为，并且这种关系会通过员工关系管理起到中介作用。通过对马来西亚医药部门422份调研数据的统计分析，上述研究假设得到证实检验（Ahmed et al.，2018）。彭本红等（2020）亦在实证研究中表明企业家特质的重要作用。

2. 开放式服务创新的运作模式

基于不同的研究切入点，开放式服务创新的运作模式呈现不同特征。首先，从资源的流动方向来看，Gianiodis 等（2014）依据资源向外与向内流向，建立了开放式服务创新的分析框架，分别以西班牙毕尔巴鄂比斯开银行和西班牙国际银行有限公司两家金融机构为案例探索不同路径获取创新价值的过程。除了体现为外部创新主体和创新组织由外向内的资源扫描及创意产生过程，和由内而外的解决方案商业化的过程，开放式服务创新的模式还包括由外向外的解决方案平台传播过程（陈志明，2018）。

其次，从创新过程来看，陈劲和董富全（2014）通过某公司阅读基地的案例分析探究了开放式服务创新的协同机制，分析了支持平台、互动网络与业务模式在开放式服务创新中的动态协调过程，以及主体和要素之间如何协同来提高开放式服务创新的效率。基于企业动态演进过程，开放式服务创新的演进模式包括用户参与式创新、外部参与式创新、平台创新、跨平台创新四个层次（赵武等，2016）。

最后，从知识的转化入手，王娜和陈春琴（2016）提出开放式服务创新是多方参与的知识获取、知识转化，从而逐步完成创意设计、服务产生和绩效提高的过程。

3. 开放式服务创新的研究领域

从研究对象及行业来看，第一，制造业行业。彭本红和武柏宇（2016）以制造业企业为案例，采用定性到定量的混合研究方案，对我国四家制造业企业的开放式服务创新案例运用扎根理论方法及编码分析，归纳出影响开放式服务创新的驱动力、协同力和承载力因素。并基于此构建了开放式服务创新生成机理的框架，其中驱动力和协同力会产生直接影响，承载力起到调节作用。

第二，互联网行业。赵武等（2016）对腾讯企业微信业务的开放式服务创新实践案例进行深入分析，提炼出微信团队、外部组织、用户等创新主体，通过互动实现平台化的商业模式，得出平台创新及其动态演进路线是互联网企业践行开放式服务创新的核心与关键。另外，彭本红和武柏宇（2017）通过分析158家网络平台企业的数据，基于结构方程模型验证了跨界搜索嵌入模式和路径模式与动态能力相结合，能够对平台企业开放式服务创新绩效产生重要作用。彭本红等（2017）以百度企业为例，探讨了百度平台与其技术开发商、平台使用者、平台广告商等参与主体间的跨界整合机制，提出平台企业践行开放式服务创新过程中伴随的技术、商业、技术和商业整合为特征的三种类型的跨界搜索模式。

第三，生活型服务业和生产型服务业领域。例如，Gianiodis 等（2014）分析了银行服务业领域，并以内向型和外向型的开放式服务创新为分析框架，挖掘金融服务企业不同创新模式与适应性和价值创造之间的关系。Foroughi 等（2015）探究了旅游业开放式服务创新活动，通过对346家旅行社管理者的数据分析发现开放式服务创新对旅行社经营绩效有正向影响，且这种影响随着竞争强度的上升而增强。

刘鹏程等（2016）研究了商务服务企业、金融服务企业、科技服务企业和信息通信服务企业，采用理论演绎与实证研究相结合的方法，分析生产性服务行业企业内以 IT 能力、网络能力和吸收能力为主的跨越边界能力是推动开放式服务创新的动力源泉。陈志明（2018）从流通企业着手，包括批发、零售、物流、餐饮等生产型和生活型行业。从理论层面探究了流通企业开放式服务创新过程，结合组织边界上资源流动的方向与创新组织形式得到流通企业开放式服务创新的具体模式。

综上所述，战略管理领域内对开放式服务创新的研究尚处于起步阶段，现有研究并不能科学完整的展现该理念的全貌，也难以指导开放式服务创新在企业实践中的应用。但随着市场环境的不断变化，商业生态系统的逐渐成熟，企业如何塑造并运作开放式服务创新模式将成为学术界和管理界研究的热点与难点。

首先，开放式服务创新通常被看作较为宽泛的概念，因研究视角的差异，学者们从服务升级、资源流动和创新过程等视角对其定义和内涵有不同的解释。结合 Chesbrough（2013）的研究，本书定义开放式服务创新为从企业服务的角度重新思考一切业务，与利益相关集体建立合作并进行开放式资源整合，从而实现服务型商业模式的转型，以构建健康的商业生态平台的过程。

其次，在开放式服务创新的维度与测量方面，现有研究尚且没有统一的观点，或是借用西方相似概念量表，或是仅从单一视角解释开放式服务创新。这样不能完全展现开放式服务创新的全部内涵与特质。与此同时，因为缺乏统一的测量标准，开放式服务创新的实证研究仍不够充分。

最后，从现有开放式服务创新的研究内容来看。学者们对包括制造业、生产性服务业、互联网等行业的企业进行了实证与案例研究，但都没有形成充分和系统的框架。并且现有实证研究从企业获取外部资源和利用外部资源等因素探究其对开放式服务创新的影响。尽管摒弃了内生性增长理论只关注内部研发及创新，而转向对外部资源的获取和多主体合作、协同，但最终仍然回归于如何提高自身的竞争力，缺乏利他因素在开放式服务创新中的考虑。鉴于此，本书将从共生视角出发，探究开放式服务创新的成长机理，为确保研究的可行性，基于本土化调研数据对开放式服务创新的概念结构和测量题项进行研究。

二、利益相关者导向

（一）利益相关者导向的内涵

利益相关者导向（stakeholder orientation）最早由 Greenley 和 Foxall（1997）提出。表明企业作为一个组织实体在完成目标的过程中要与其他群体发生互动，可以被看作是一组相互依赖的利益相关者之间的关系（Freeman et al.，2010；Bettinazzi & Zollo，2017）。这一概念源于利益相关者理论，Freeman 等（2010）在早期的研究中为企业利益相关者管理战略制定了理论框架，包括利益相关者识别、行为分析和梳理、管理策略初定、管理计划制定、系统综合管理方案制定。

利益相关者导向则是在识别出利益相关者的基础上，探讨如何管理并维系利益相关者关系达到共同创造价值的过程（Berman et al.，1999；Laplume et al.，2008）。一般来说，利益相关者管理方式包括经营（managing）利益相关者和维持（retaining）利益相关者（Harrison & Bosse，2010）。经营型利益相关者导向愿意付出更多资源满足利益相关者的合理需求；维持型利益相关者导向仅希望与利益相关者维持利益交换关系与企业经营的基本意愿。因此经营导向与利益相关者的深度往来更频繁，如分享效用信息使双方都能获取价值。本书中的利益相者导向与经营导向的利益相关者管理方式一致。体现了愿意付出资源满足利益相关者需求的管理思路，而非简单的维持共同经营的模式（Duesing & White，2013）。

在经营模式基础上，Bridoux 和 Stoelhorst（2014）提出了利益相关者管理的关系型方式（relational approach），解释了利益相关者导向是如何通过联合价值创造（joint value creation）来促进社会整体价值的提升。

区别于使用市场交易价格来测度利益相关者价值创造的工具性利益相关者行为。利益相关者导向从互惠利他的视角出发，更加符合企业可持续发展的理念（Freeman & Phillips，2002；Jones et al.，2007）。先付出一定努力和代价与利益相关集体缔结了某种"契约关系"，这种关系能显著提高信任水平和声誉地位，通过此般印象管理则能在后续的互动中获得更多的回报（Crilly，2010；温素彬，2010）。

将利益相关者理论与资源基础理论结合，进一步证明关注利益相关者的需要，保持对利益相关者的公平、可信、忠诚、关怀和尊重的道德行为，会使企业提高资源管理、知识整合等能力，从而共同创造价值维持持续竞争优势（Jones & Harrison，2018）。这一思想解释了利益相关者导向，尽管出于互惠利他理念，愿意花费更多的资源去满足利益相关者的合理需求，但在这一过程中通过与利益相关者维持积极有序的关系，培育了更高的资源和知识管理能力，从而合力创造价值，使企业获得持续的竞争优势。这一思想为探索利益相关者导向的伦理学与战略组织管理实践问题的融合提供了理论支持。

综合上述研究，利益相关者导向具备如下四个特点：①企业会积极地关注利益相关者的需求；②企业愿意分配更多的资源满足利益相关者的合理需求；③企业愿意应用关系管理方式维持与利益相关者积极有序的关系；④企业在与利益相关者的互动中会应用并提高资源、知识管理能力。因此本书这样定义利益相关者导向：企业能够积极主动地关注利益相关者的价值需求，通过自身资源和能力给予满足，并与利益相关集体保持积极有序的关系，以共同创造价值的战略管理方式。

（二）利益相关者导向的维度及测量

探究如何测量利益相关者导向程度，是分析利益相关者关系、利益相关者战略对企业绩效及竞争优势产生影响的重要前提，现有研究已经较为充分但亦存在不同观点。本部分将从利益相关者的选择与每一类利益相关者主体的测量内容方面进行梳理，同时列出学界内接受度较高的测量量表。

首先，关于企业利益相关者的划分与识别存在不同观点。其中比较有代表性的包括 Mitchell 等（1997）根据企业是否拥有合法索取权、能否紧急地引起管理层关注、能不能对企业的决策施压将利益相关者划分为确定型利益相关者（definitive stakeholders），如股东、雇员和顾客；预期型利益相关者（expectant stakeholders），如投资者、雇员和政府部门；潜在的利益相关者（latent stakeholders）。但上述分类方式因具有动态性，可能在失去某种属性后从一种形态转化为另一种形态。

通过社会性与紧密性，即与企业发生联系的方式，可将利益相关者划分为四个层次，即首要的社会性、次要的社会性、首要的非社会性、次要的非社会性（Wheeler，1998）。根据利益相关集体在企业经营中承担风险的种类，可分为主动进行物质资本或人力资本投资的自愿利益相关者（voluntary stakeholders）和被动承担投资的非自愿利益相关者（involuntary stakeholder）（Clarkson，1994）。

通过大量探讨，现有研究已经确定了四个主要的利益相关者群体：客户导向（customer orientation）、竞争对手导向（competition orientation）、员工导向（employee orientation）和股东导向（shareholder orientation）（Greenley et al.，2004；Payne et al.，2001）。其他主体包括公共导向（public orientation）、社区导向（community orientation）、环境导向（environment orientation）、伙伴导向（partner orientation）、政府与立法机构导向（government orientation）、公司治理导向（corporate governance orientation）等（Reuter et al.，2012；Jain，2016）。在本书中，顾客、竞争者、股东和员工四个主体是制定利益相关者导向量表的四个主要组成部分。

其次，针对每一个利益相关者主体的测量内容，国内外的研究已然比较充分，本书将主要从顾客、竞争者、股东和员工进行分别阐述。

（1）顾客导向。顾客导向是指企业对客户利益的关注。以客户为中心的营销理念早在 19 世纪 60 年代提出（Levitt，1964；Kotler & Levy，1969）。

随后，在市场导向的量表中顾客的重要性得到了确认（Narver & Slater，1990）。根据他们的观点，客户导向被定义为了解目标买家从而为他们创造卓越价值的行为。Dawes（2000）提出了解并分析客户需求，对收到的有关客户需求和偏好的信息做出回应。他认为对于一个公司来说，能够预测、理解并可能控制客户的需求和偏好是很重要的。Homburg 和 Pfliesser（2000）提出向员工灌输创造客户价值的积极态度，并培训员工以实现卓越的客户价值。

（2）竞争者导向。以竞争者为导向意味着对对手的活动做出反应（Dawes，2000），要密切关注竞争对手的利益，以及和他们具体的商业策略（Narver & Slater，1990）。因此，Armstrong 和 Collopy（1996）强调，需要对竞争对手的业绩进行积极的标准测试。一家企业的成功在于能够比竞争对手做得更好（Greenley & Foxall，1997，1998）。一方面，公司必须坚持公平竞争的原则，尊重竞争对手的合法权益。另一方面，对竞争对手不平衡的关注可能会产生不良后果。

（3）股东导向。股东导向涉及股东的股权和风险（Mitchell et al.，1997）。就股权而言，股东是公司的所有者。在新古典经济学理论中，所有者是公司唯一合法的利益相关者（Quinn & Jones，1995）。例如，Mitchell 等（1997）提出股东与公司有合法关系，可以选择监督公司的业绩以保护其利益。在风险股份方面，股东是寻求短期或长期回报的投资者。因此，股东导向代表管理团队有多愿意照顾股东利益的程度。

（4）员工导向。员工导向是指公司旨在解决员工利益并满足其就业需求的意图（Webster，1992；Lins et al.，2000）。践行员工导向的企业愿意付出更多资源为员工提供福利和保障，以促进其满意度（Hooley et al.，2000），从而带来更高水平的组织效能（Koys，2001）。因此在描绘利益相关者时，很多学者将员工视为主要群体。

最后，围绕不同的利益相关者研究主体，学者们提出了测评各主体的研究内容。其中为学界广泛接受的测量内容包括四类：第一，Greenley 和 Foxall（1997，1998）基于早期文献调研开发了一项六维度量表，分别从调查（researeh）、管理评价（management judgment）、计划（planning）、企业文化（corporate culture）、企业使命（corporate mission）和相对重要性（relative importance）六个方面进行测量。

第二，Matsuno 等（2002）总结了前人的研究，认为测量内容包括三个维度，即信息产生、信息传播和对信息的反应，共包含 22 个题项，如"我们会为用户评估所处环境及可能发生的各种效应"等。

第三，将市场导向理念和利益相关者理论融入市场导向的框架，罗青军和项保华（2003）由此修订并提出了组合市场导向的测量量表（constitute market orientation，CMO），该量表共有 17 个题项，如"总经理会对股东、顾客、员工、社区和其他相关者进行重要程度的排序"等。

第四，Greenley 等（2005）进一步开发了 MSOP（multiple stakeholder orientation profile）量表。这个量表分为四个主要部分，即顾客导向、竞争者导向、员工导向和股东导向，包括 17 个题项，如"我们会定期对顾客满意度进行系统性评估"等。

上述四个维度划分与测量方式的研究是学界较为认可的，后续关于利益相关者导向的测量也大多围绕顾客、竞争者、股东、员工这四个方面，在此基础上不断发展并逐渐成熟。这为本书探究利益相关者导向作用下如何形成开放式服务创新提供充分且科学的理论支撑。

（三）利益相关者导向的相关理论及研究

作为企业可持续发展战略的重要部分，利益相关者导向的作用效果一直是学界研究的热点受到大家的广泛讨论，并且讨论的焦点比较集中，重点包括利益相关者导向对企业绩效、竞争优势和企业文化三个方面的影响。

1. 利益相关者导向与企业绩效、竞争优势

利益相关者导向与企业绩效和竞争优势的关系探索一直贯穿于战略管理领域的研究中。早期的研究中，部分学者提出利益相关者导向战略质疑了传统追求利润最大化的假设，它作为一种商业道德必然导致财务业绩下降。因此公平地对待利益相关者才能有助于持续的竞争优势，而只注重个体的收益则会产生消极影响（Fehr & Falk，2002）。Freeman 等（2004）提出使用有限经济和能力满足具有特定需求的利益相关者容易受到道德绑架而导致决策失误。正因为学界的争议不断才推动了利益相关者导向作用效果的研究（Weitzner & Deutsch，2019）。

随后更多的学者开始探索利益相关者导向对企业绩效、竞争优势产生的正向影响。许多研究表明，利益相关者导向对企业绩效有显著正向影响（Yau et al.，2007；Bosse et al.，2009；何新明和林澜，2010；吴芳和张岩，2021）。他们认为，利益相关者导向是企业推进可持续发展战略的重点选择（Greenley et al.，1997；Harrison et al.，2010）。既能为用户提供满意的产品和服务；还体现了企

业的社会责任感，帮助塑造良好形象；更是对自我核心竞争力的打造，不断适应行业的竞争动态；最后是对股东负责、改进决策、更好的知识共享和更低的交易成本，从而实现可持续发展（李慧和唐晓莹，2017；Harrison et al.，2019）。Jones等（2018）则用工具性理论论证了利益相关者对企业绩效的正向作用。

与此同时，越来越多的实证研究也通过各类统计数据证实了采取利益相关者导向的企业可以超越其他企业（Hillman & Keim，2001；Kacperczyk，2009）。Yau等（2007）以中国的企业为研究对象，根据中国组织特征设计利益相关者导向问卷，通过大规模数据收集与分析验证了利益相关者导向对于企业绩效的正向影响。何新明和林澜（2010）则运用多元回归分析再次印证这一观点在中国的可行性。另外，结合资源基础论有学者进一步解释为什么出于商业道德的利益相关者导向会产生持续竞争优势，即企业应用自身资源和能力满足利益相关者需求并维系有序关系的过程中，能够共同创造价值，提高自身资源管理能力，这是维持企业持续竞争优势的源泉（Jones et al.，2018）。

并且，从战略实施到企业绩效获得需要经历很多环节（Han，1998；王启亮和虞红霞，2010）。其中，企业文化是利益相关者导向产生积极绩效的关键中介要素（Munilla et al.，2005；Porter & Michael，2006）。例如，王启亮和虞红霞（2010）以福建省企业为样本的研究表明，利益相关者导向对企业绩效没有显著的直接影响，会通过企业文化的完全中介作用影响企业绩效。同时，企业与利益相关者的关系、企业创新活动均能够在利益相关者导向对企业绩效的作用过程中具有中介作用（Berman et al.，1999；Han et al.，1998）。

另外，利益相关者导向对企业绩效的影响还会受到外界因素，如外部环境的指标、特征的调节作用（Greenley et al.，1997）。何新明（2006）认为企业所处行业、所有制类型和行业所处阶段均会影响利益相关者导向对企业绩效的作用程度。

2. 利益相关者导向与企业文化

利益相关者导向是组织文化的一部分，为企业营造了良好的工作氛围，奠定了企业长期的可持续发展格局（罗青军和项保华，2003）。利益相关者导向对企业文化的影响分为外部与内部两个方面，对外会使企业积极维护社会形象提高责任意识，注重与外部环境及主体的协调和有序互动；对内会在组织氛围中营造合作共赢的价值观念，促进各部门之间的密切配合、上下级之间的良性反馈，增强组织整合利益相关者需求及组织学习的能力（Luk et al.，2005）。

践行利益相关者导向的企业会不断关注并评估利益相关者的需求，为了满足这些需求要利用组织文化以平衡外部适应性和内部执行一致性，这样利益相关者导向才能持久地影响企业选择和员工行为（王启亮和虞红霞，2010）。

3. 平台模式中的利益相关者导向

随着共享经济时代的到来，平台模式逐渐成为管理学界与实践界关注的焦点。在平台模式中，不同企业为主体共同构成一个基础网络，在这个基础结构中，大家能够资源补充、互补产品，一起增强整体价值，彼此企业即为相互的利益相关者。如钟琦等（2020）提出，在平台模式中，以平台企业为主导，系统内利益相关者会通过竞合互动和资源整合来一起实现价值共创。

综上所述，利益相关者导向是基于利益相关者理论所提出的较为系统和完善的构念，其基本内涵在学界有较为一致的观点。关于利益相关者导向程度的测量研究大多围绕较早的四项测量文献展开，这四项研究中的区别在于，一是对利益相关者的定位存在分歧，如是否要将竞争者纳入评价体系；二是对测量利益相关者导向程度的侧重因素有所分歧。这四项研究奠定了后续量表研究的基础，也为开展利益相关者导向与开放式服务创新的关系研究起到很好的理论基础作用。

另外，关于利益相关者的影响研究表明，利益相关者导向与企业绩效、竞争优势的正负结果讨论仍存在相悖观点，而利益相关者导向对企业文化的作用是明确的，利益相关者导向的实施不能缺少企业文化的承载，并且利益相关者导向可视为企业文化的一种，二者关系相辅相成相互嵌入。但从现有文献来看，国内外学术界尚未探讨利益相关者导向如何影响企业具体的资源配置过程，更缺乏利益相关者导向对商业模式的影响研究。因此，本书将聚焦利益相关者导向影响下具体的创新要素及资源管理过程，分析利益相关者导向如何影响开放式服务创新的成长。

三、资源拼凑

（一）资源拼凑的内涵

资源拼凑的内涵研究历经了较长时间，研究内容比较充分，笔者将依据资源拼凑的来源、有限资源情境和非有限资源情境三个方面介绍现有资源拼凑的内涵研究。

首先，资源拼凑的来源。"拼凑"（bricolage）概念（现有部分研究将其译为"组拼"），首次提出的学者是 Levi-Strauss（1967），他在著作《野性的思维》（The Savage Mind）中定义拼凑为充分利用手边资源的思维方式。这种思维与传统的规范性思维不同，更强调创造性资源利用。

Weick（1993）将拼凑概念引入组织社会学描述个体行为，认为拼凑思维伴随着即兴创作行为。因为受到组织制度的作用个体行为是有规划的，而拼凑打破常规体现为面临规划外事件，或是资源受限的环境中，个体选择立即采取的行动方案（Gatignon & Xuereb，1997）。随后，有学者将其延伸到组织行为学，将拼凑应用于个体或组织即兴（improvisational）行为研究中（Innes & Booher，1999；Chao et al.，1999）。

拼凑在组织行为学的研究逐渐扩展到战略管理领域。Baker 和 Nelson（2005）最早将"拼凑"理论引入战略管理与创业研究领域，并提出资源拼凑概念（entrepreneurial bricolage/resource bricolage），是通过将现有资源组合应用于新的问题和抓住新机遇的行为，包括三个核心概念："立即行动"（making do），即面对资源约束时及时利用手头资源应对新挑战或机会的行为；"资源重构"（combination of resources for new purposes），即结合不同的策略及使用方式创造性地利用并再造资源；"手头资源"（the resources at hand），即在市场中存有的但并未被发现或重视的资源。这三个核心概念从不同角度阐述资源拼凑特点，得到大多数学者的认同，后续研究大多采用该定义（Fisher，2012；刘人怀和王娅男，2017；冯文娜等，2020），或以此为基础进一步拓展。

其次，有限资源情境下的资源拼凑内涵。基于资源受限环境的假设，学者们从不同视角展开探讨。组织行为视角。例如，Boxenbaum 和 Rouleau（2011）认为资源拼凑是一种企业内对资源的管理方式，能够打乱并重塑原有布局，建构新的链接渠道。在资源面临困境时，资源拼凑体现出两个方面，资源约束和即兴创作。资源约束是资源拼凑的重要前提，即兴创作是资源拼凑概念的重要特征（Davidsson et al.，2017）。因此，资源拼凑是企业面对资源受限时通过重组资源进行创新并获取增长的行为方式（Hooi et al.，2016）。

哲学与文化人类学视角。拼凑被视为一种对资源用途进行分解和整合的解构主义过程（Derrida，1981）。将思维层面和操作层面结合，采用拼凑思维，能够实现资源利用和创意探索的组态，旨在帮助企业走出资源约束困境（王国红等，2018）。还有研究中指出，资源拼凑蕴含着因果推理（causation）与效果推理（effectuation）。因果推理是一种设定目标再依靠手段达成目标的决策逻辑；而效果推理则是在高度不确定条件下对既有决策手段产生不同结果的选择（Reymen et al.，2015；于晓宇等，2017）。太极的阴阳理论亦印证了效果推理、因果推理，以及决策者将手段与目的组合使因果与效果决策方式交互作用，会对资源拼凑产生的影响（王乐和龙静，2019）。

上述资源拼凑定义体现了三个特点：第一，面临资源紧张情境时，采取主动行动来缓解问题的解决方案；第二，强调通过新方案整合资源以创造性地发挥资源价值，而非固守资源惯用的使用意图和方式；第三，待整合的手边资源，包含既有现存的资源，和通过其他渠道可获取的廉价资源（Welter et al.，2016；孙锐和周飞，2017）。

不难发现，这些资源拼凑研究主要关注企业在面对大量资源限制的情况下如何获取、重组资源的方式，这些资源限制既有外部资源紧张（耗尽的或无法获得的资源），还有内部资源匮乏（缺乏技能和知识）（Gundry et al.，2011）。

然而另有研究提出资源拼凑并非只是随意的和缺乏规划的企业即兴行为，即便是在资源充足的情况下，企业具备较强的资源拼凑能力同样会带来更高效的资源利用率并降低资源成本，同时能够促使企业实现颠覆性创新成果。因此，资源拼凑可以摆脱资源限制的情境约束，成为一项具有普遍适用性的资源管理手段与战略选择（Witell et al.，2017；崔杰，2020）。

最后，非有限资源情境下的资源拼凑内涵。从挑战决策规范视角，资源拼凑是一种解决问题的商业模式，体现为对市场条件的灵活应变从而对可开发利用资源保持警觉，而非制订长期的战略计划（Ferneley & Bell，2006）。通过组织有目的展开创造性资源重组的活动，从而帮助组织摆脱惯性陷阱，有效地调动内、外部资源（Halme et al.，2012）。在社会网络的助力下，企业能够通过拼凑行为打破规范限制，在网络中形成合法的资源拼凑成分并促成拼凑的宽容环境（张玉利，2010）。

资源机会一体视角。于晓宇等（2017）将资源拼凑过程视为对机会的把握，认为资源拼凑就是企业把握机会通向成功的桥梁，依靠资源拼凑行为能够将资源转化为机会促进企业发展。同样资源拼凑可以实现内部知识资产与外部商业化机会的整合，促进企业内部资源的重组与利用（周飞等，2020）。

创新管理视角。资源拼凑可以视为资源创新战略，本质是资源的动态管理过程，依靠创新管理手段，使资源进行创造性重组，从而帮助企业实现创新（秦剑，2012）。

上述研究不局限于资源限制情境下探讨资源拼凑。基于此，黄艳等（2017，2020）依据中国情境的研究，提出资源拼凑的三大特性：第一，企业会有意识地保持对现有资源使用方式的批判性，继而在主观上积极尝试各种方法，通过创造性重组资源突破使用限制，从而形成新的方案发挥资源的更大价值。第二，现有资源既包括工具、设备等的物质资源，亦包括技术、信息等的无形资源，不仅体现为企业直接支配的资源，还包括社会网络中的资源。第三，企业会灵活应对市场的动态不确定性，根据需求对拥有的和易获得的资源进行创造性重组，从而实现资源的"巧创"及价值创造。

综上来看，资源拼凑摆脱了传统的资源基础分析范式，从全新的视角审视资源价值和现实状况。借鉴吴亮等（2018）基于双元创新研究中对资源拼凑的翻译内容，在文中将"Bricolage"统一译为资源拼凑。基于已有文献，本书定义资源拼凑为：企业对手边资源的创造性开发与整合，目的为更大程度发挥资源的价值以应对环境变化。包含如下三个内容：①重视现有未开发资源与廉价可获得的手边资源，这些资源或存在于企业内部或存在于外部网络环境；②保持对手边资源积极利用的思维，以发挥其更大价值，强调满意原则而非最优；③根据环境与市场需求灵活应对，对手边资源进行创造性开发与整合。

（二）资源拼凑的维度及测量

从已有文献来看，学者们对资源拼凑维度的研究已经积累一定成果，但关于资源拼凑的测量研究仍然较少。不同学者从不同视角出发对其维度及测量方式进行了探索，参考徐雪娇（2018）、刘露和郭海（2017）的研究，将从资源拼凑的拼凑动机、拼凑对象、拼凑方式等视角对资源拼凑的结构维度和测量量表进行研究。

1. 基于拼凑动机视角

Baker 和 Nelson（2005）在提出概念的同时，系统阐释了该理念的三方面内容，即兴创作（making do）、资源重构（combination of resources for new purposes)、手头资源（the resources at hand）三个维度。即兴创作指面对资源约束时利用手头资源应对新挑战或机会的行为；资源重构即结合不同的策略及使用方式创造性地利用并再造资源；手头资源即在市场中具备的但并未被发现或重视的资源。基于 Baker 和 Nelson（2005）的三维度研究，Senyard 等（2014）开发并验证了资源拼凑的 8 题项量表，包括我们相信通过手边资源能够找到可行方案作有挑战的任务；我们很乐意利用手边的资源应对多样化挑战；我们会用那些手边资源应对新的问题和挑战；我们通过对手边资源的组合来应对新挑战等。

为实现服务创新的资源拼凑作用效果，Salunke 等（2013）设计了 3 题项量表。包括我们会以挑战传统的商业惯例来整合资源；我们会发掘无用资源中的有用价值；我们会以创新的方式部署资源。

根据驱动动机的不同，资源拼凑分为需求型资源拼凑和构想型资源拼凑。其中需求型资源拼凑的动机是企业为了避免资源约束；构想型资源拼凑是为了掌握资源优势。因此，需求型资源拼凑的结果往往是对资源的低成本、廉价组合，是以降低产品和服务的完美性为代价的；而构想型资源拼凑是对资源的深度开发和创造性利用行为，会有利于先行优势（王兆群等，2017）。

2. 基于拼凑对象视角

首先，根据应用领域的不同，资源拼凑分为实物拼凑（physical bricolage）、技能拼凑（skills bricolage）、人力拼凑（labor bricolage）、市场拼凑（customers/markets bricolage）、制度拼凑（institutional bricolage）（Baker & Nelson，2005）。基于这一观点，Rönkkö 等（2013）将上述五种拼凑提炼为投入拼凑（inputs bricolage），即在物质资源、技术和劳动等方面的拼凑活动；顾客拼凑（customer/markets bricolage），即对顾客及市场方面的拼凑活动，如提供市场上断代的半成品产品；制度拼凑（institutional and regulatory environment bricolage），即对制度、准则和环境规范方面的拼凑活动。

根据资源的有形与无形特性，将资源拼凑划分为物质资源拼凑和创意资源拼凑（张建琦等，2015）。其中，物质拼凑包含的对象是人力、物力和财力等有形资源，通过对其重新赋能发挥新的价值，如利用废弃的回收沼气作为燃料能源；创意资源拼凑的对象包括知识、技能等无形资源，通过对其创造性重组而迸发新的价值（Benouniche et al.，2014）。

其次，根据资源调动方式不同资源拼凑可分为原材料拼凑（material bricolage）、技能拼凑（skills bricolage）和劳动拼凑（labor bricolage）。其中，原材料拼凑是指对于被废弃的材料、仅有单一功能的资源，探索这些资源的多元化价值；劳动拼凑是指充分发挥利益相关者的帮助、反馈、免费劳动的价值；技能拼凑是指发挥员工在业余时间学习并强化的工作技能，为企业现有业务创造价值（Desa，2012）。

最后，能力建构视角。依据能力建构视角可将资源拼凑划分为要素拼凑、顾客拼凑和制度拼凑三类。要素拼凑是把尚未开采的、功能单一且非标准的资源转化为生产要素的过程；顾客拼凑是指满足用户新兴的、边缘的、潜在的需求的过程；制度拼凑是通过手头资源建构新的规范、制度和流程的过程（赵兴庐等，2016）。

学者们在参考 Baker 和 Nelson（2005）的概念界定和 Rönkkö 等（2013）的量表基础上，形成了包括 11 个题项的资源拼凑量表。其中，要素拼凑，如我们会从实践中逐渐积累知识、技能和其他生产资源 3 个题项；顾客拼凑，如我们与顾客维持着非正式关系并让他们参与到工作内容当中等 4 个题项；制度拼凑，如我们总会接受处理超出能力范围之外的挑战等 4 个题项。

3. 基于拼凑方式视角

Baker 和 Nelson（2005）将资源拼凑分为平行性拼凑（parallel bricolage）和选择性拼凑（selective bricolage）。其中，平行性资源拼凑意味着企业同时进行多个项目，平行性拼凑的水平会受到资源管理方式、个人技能水平、工艺标准的区分度、行业惯例和法律法规以及社交网络的影响。通过跨越多个领域相互强化，能够形成一定的关系网络（Witell et al.，2017）。选择性资源拼凑仅在规划的领域中和有限的时间段内进行，并且根据项目的重要性排序处理，更加注重资源之间的协同作用（崔杰，2020）。

鲍明旭等（2017）认为资源拼凑包括即兴行为和计划行为两种方式，其中，即兴拼凑行为指的是在不确定环境下根据需求灵活调整的拼凑行为；计划拼凑行为指的是企业制定计划后再依靠手段达成目标的拼凑行为。这一分类方式与因果推理和效果推理的逻辑方式一致（Reymen et al.，2015；于晓宇等，2017）。

（三）资源拼凑的相关理论及研究

资源拼凑在本书中被视作中介变量以解释利益相关者导向对开放式服务创新

的作用路径。因此，本部分将梳理资源拼凑的前因变量与结果变量研究，并对这些研究进行评述，以期为后续的研究与整体模型的建构夯实基础。

1. 资源拼凑的前因变量研究

现有关于资源拼凑的前因变量研究主要从组织层面进行，有少部分研究涉及个体层面和环境层面，本部分将从这三个方面进行梳理。

首先，个体层面包括领导者先前经验、创业激情、变革领导力等。例如，赵兴庐和张建琦（2016）提出创业资本对资源拼凑具有重要的促进作用，其中，他们重点探究了领导者的先前经验、行业知识和社会关系因素对资源拼凑的影响，并基于245家企业的数据进行实证检验。Stenholm和Renko（2016）则提出具有创业激情特质的个体会更易选择资源拼凑行为，并且发明激情和发展激情都会促使个体从事资源拼凑活动。

其次，组织层面包括以社会联系、社会网络、社会资本、利益相关者、外部创新知识搜寻和市场响应等为核心的外部导向和以创业导向、双元创新、认知柔性、企业内部能力、组织声望、组织信任和组织衰落等为核心的内部导向。

从外部导向来看。社会网络关系是资源拼凑的重要前因变量（Baker & Nelson，2005），这一理论观点也得到了Desa和Basu（2013）等学者的印证。其影响机理是社会网络能够突破制度合法性限制和资源约束的有效途径，加强社会联系从而稳固资源拼凑的基础（孙锐和周飞，2017）。符峰华等（2018）基于237家企业的调研数据同样证明了该关系。另外，黄艳等（2017，2020）从网络规模和网络强度两个方面进行论证，得出社会网络对资源拼凑能够产生正向影响，并通过了实证检验。

此外，先动型市场导向和反映型市场导向与资源拼凑间存在正向影响（周飞等，2019）。其中市场响应反映了企业对市场刺激的感知、解释和行动的效率和有效性，对资源拼凑有正向影响（冯文娜等，2020）。周飞等（2020）则认为外部知识搜索有助于建构敏捷的知识搜寻网络，从而提高资源拼凑能力。

从内部导向来看。资源限制与冗余往往是促进企业资源拼凑的主要原因（Salunke et al.，2013；Desa，2013），据此，赵兴庐和张建琦（2016）对336家存在资源限制的企业进行研究并进一步发现，在新产品开发中企业的财务、人力和时间资源匮乏均会影响资源拼凑。组织衰落因会造成资源劣势进而对资源拼凑起到促进作用（王健，2021）。于晓宇和陈颖颖（2020）的研究表明冗余资源和资源拼凑之间呈现出正"U"形关系的影响。这意味着较高和较低水平的冗余资源才会正向影响资源拼凑。

另外，基于双元制的组织结构，资源拼凑具有二元性，因此有学者提出探索式创新和利用式创新会对资源拼凑具有促进作用（吴亮等，2016）。所以双元路径的资源管理方式在资源拼凑活动中会实现统一，破解了双元平衡的难题。

最后，环境层面包括环境包容性和环境生态。通过对113家企业进行研究，Gundry等（2011）发现创新生态对资源拼凑具有促进作用。也就是在具有共生关系的共同体经济环境中，企业更容易进行资源拼凑活动。基于对202家科技型企业的研究发现，环境包容性和组织声望会对资源拼凑产生影响，且这种影响是非线性的"U"形关系（Desa & Basu，2013）。

2. 资源拼凑的结果变量研究

既有文献对资源拼凑结果变量的研究主要集中于企业绩效、竞争优势和企业创新活动。学者们的争论在于资源拼凑是否会为企业带来好处，以及资源拼凑通过怎样的路径机制为企业带来好处。因此，本部分主要从资源拼凑对企业绩效、竞争优势，与资源拼凑对创新活动两个层面进行梳理，同时厘清推动影响过程的路径机制和边界条件。

首先，资源拼凑与企业绩效、竞争优势的关系研究。资源拼凑有助于企业提高财务绩效与成长绩效（王健，2021），其中企业动态能力在这一关系中起到部分中介作用（祝振铎和李非，2017）。周健明等（2019）则进一步验证了资源拼凑对企业新产品开发绩效有正向作用，团队即兴在这个过程中起到中介作用。

还有学者立足于初创企业，提出企业在创立之初由于资金紧张、合法性缺失和信任风险等问题，很难通过市场途径获得充足的资源。此时资源拼凑成为企业解决资源紧张问题的新思路，指导企业如何更好地利用手头资源来摆脱资源困境，最大限度地识别机会提高企业绩效（Stenholm & Renko，2016）。

但也有学者认为资源拼凑只是企业即兴发挥资源配置的行为，产生的是非标准化资源，也未符合正式的组织规则，因此长期进行资源拼凑可能会对企业的绩效产生负向影响（Senyard et al.，2014；李非和祝振铎，2014）。

其次，资源拼凑与创新活动的关系研究。现有研究普遍表明资源拼凑和创新之间存在正向关系。从商业模式创新来看，资源拼凑就是从相同的资源中找到新的价值，挖掘出不一样的"服务"，通过资源拼凑能够促进企业创新水平的提高

（Salunke et al.，2013）。在新兴经济中，资源拼凑能够影响商业模式创新，并进行了实证验证（Guo et al.，2016）。通过来自珠三角地区的119家科技型企业样本，周飞等（2019）进一步验证了在中国转型经济下，资源拼凑与商业模式创新之间会存在正相关关系，因为资源拼凑能够较好地落实战略，进而促进颠覆式创新的成功（尚甜甜等，2021）。随后周飞等（2020）继续提出资源拼凑对双向开放式创新均起到了正向影响。

从创新及绩效来看，资源拼凑对企业的整体创新绩效具有积极作用（Senyard et al.，2014）。基于237家高新技术企业的调研数据进行实证分析，符峰华等（2018）认为企业资源拼凑会提高创新绩效，并且这种正向关系受到创新搜索强度的调节作用。结合组织双元学习观念，资源拼凑是在创意层探索性学习与资源层利用式整合相融合的理念，通过组织学习及整合的平衡机理能促进创新绩效，且实证研究结果显示资源拼凑与创新绩效呈倒"U"形关系（张建琦等，2015）。同样呈现倒"U"形结构的关系在资源拼凑与新产品创意之间也存在，他们的研究认为当资源拼凑较高时会破坏产品创新绩效（Wu et al.，2017；张敏，2020）。

与此同时，有学者探究了资源拼凑的调节作用，何一清等（2015）发现资源拼凑作为一种个体层面的实践智慧和心理反映，能够有效促进员工互动导向的转化过程，并通过创新能力的中介作用影响创新绩效。

还有学者提出资源拼凑的中介作用，认为资源拼凑能够在其他变量与创新绩效之间发挥路径作用。例如，张秀娥和张坤（2018）提出资源拼凑在创业导向与经济绩效、社会绩效之间起中介作用。在探究创业自我效能感与创新绩效关系时，刘一武（2018）根据"认知—行为—结果"的分析框架引入资源拼凑作为中介变量，实证得出资源拼凑能够完全中介创新变革、机会识别和风险承担效能感与创新绩效的作用关系。

最后，资源拼凑的其他作用效果变量包括企业成长、企业的社会影响力、资源优势、孵化能力、资源探索能力等。基于扎根理论的多案例研究证明了不同类型的资源拼凑有助于企业获取不同的组织合法性，进而促进企业成长（彭伟等，2018）。并且资源拼凑能够为社会问题提供创造性解决方案，从而随着企业社会影响发挥积极作用（Bacq et al.，2015）。孙梦瑶和李雪灵（2019）提出资源拼凑可以影响企业的孵化能力，资源拼凑能力越强企业的基础服务能力和增值服务能力越强。

当然资源拼凑也会产生消极影响。基于对 113 名社会企业家的研究表明，资源拼凑会阻碍企业家探寻关键资源的能力，因此对催化创新能够产生非线性的影响，并且资源拼凑可能会挤占正常资源配置效率，这对颠覆式创新会产生消极影响（Kickul et al.，2018）。张敏（2020）的研究则表明，资源拼凑与企业前瞻性、企业风险偏好均存在负相关关系。

综上所述，近年学术界对资源拼凑的研究虽逐渐增加，但呈现主题零散、因果关系复杂、内涵与结构维度的观点不一致、过程机制不具体等问题（于晓宇和陶奕达，2018）。并且在资源拼凑的前因变量，资源拼凑与创新活动的研究中，大多忽视资源拼凑所蕴藏价值共创与共同成长理念，且关于资源拼凑与开放式服务创新、利益相关者导向与资源拼凑之间的关系研究仍较少。因此，本书旨在分析资源拼凑作为中介路径在利益相关者导向与开放式服务创新间的机理，探究共生视角下，如何通过"另辟蹊径"的方式来帮助企业共享利益相关集体的潜在资源，从而提高开放式服务创新水平的过程。

四、知识共创

（一）知识共创的内涵

知识共创（knowledge co-creation）这一概念要追溯到国外学者 Prahalad 和 Ramaswamy（2000）的研究，他们首次探讨顾客在知识创造中的新角色，指出顾客要从被动购买者向主动参与者再向知识与价值的共同创造者转变，共同（co-opt）一词体现了在价值创造中顾客与企业合力的重要性。随后，知识共创上升为战略方法，不仅关注共创主体的学习范围，还强调公司和客户在体验环境中的相互作用过程（Prahalad & Ramaswamy，2004）。自此"共创"这一概念引发了学术界的广泛讨论。

随着研究的深入，更多的学者开始探索这一构念，对其进行更为准确和深刻的界定。一般来说，知识共创是企业与合作伙伴、竞争者、供应商、顾客等主体，通过相互协作来创新知识，从而共同创造竞争优势的过程（Kohlbacher，

2008）。在此之后，知识共创内涵的外延不断扩大，知识共创的主体不仅包括商品加工过程的参与者，还应该纳入材料提供商、使用者等与产品有关的利益相关者，且这些群体共同构成的知识体系会影响共创效果（Marjanovic & Roztocki，2013）。

为进一步厘清知识共创内涵，需将知识共创与知识共享概念进行对比，知识共享强调知识的扩散与转移，而知识共创是有明确价值创造目的的。并且知识共享侧重于对异质性知识的获得、理解与吸收，结果是增加原有价值；而知识共创则强调对异质性知识的识别、获得与重构，目的是创造新的价值（Nissen et al.，2014）。

一些学者从不同视角对知识共创内涵进行研究。从智力资本视角出发，结合信息系统的特点，知识共创可定义为一种新的服务形式和价值的共创过程，在这一过程中用户和开发者可依靠系统合作识别并满足需求（叶笛等，2014）。

从知识创新视角入手，知识共创是具备不同思维、知识和属性等的主体聚在一起，通过互动交流实现彼此系统的开放，这一过程中异质性知识能够流动、接触、试错、耦合，从而创造新知识（蒋楠等，2016）。基于生态系统视角，知识共同创造是一种社会实践，与历史和文化有关，通过合作、行动和交互（即讨论和对话），大家的技能、能力和隐性知识在社区中得以不断发展（Jakubik，2017）。结合生态系统与知识的观点，知识共创是企业将具有共同利益的相关主体通过知识平台纳入到知识生态系统中，从而多个主体能够实现深层互动展开知识分享、知识交互、知识整合和知识生产等活动，使新的知识产生再应用到各参与主体子系统的动态发展循环过程（张培和杨迎，2017）。基于平台生态系统，知识共创是系统中成员，由于所属知识性质的差异，而跨越边界寻求交换知识与知识整合，目标是从产品开发和创新中获得最大利润（Förderer et al.，2019）。

从价值共创视角出发，Eva 等（2019）提出基于价值共创理论，以企业为中心，知识共创是与其他知识源所建立的共创新知识的关系网络。在关系网络中蕴藏着大量可操作性外部资源，对这些资源的整合能够促进开放式价值创新行为（范钧和梁号天，2017；蒋海萍，2020）。

基于上述研究，参考 Kohlbacher（2008）对知识共创的定义及结合本书的内容，认为知识共创是企业与合作伙伴、供应商、顾客等主体相互协作以共同创造知识的过程。归纳起来包含以下内容：①知识共创的参与主体是与企业发展紧密相关的群体，在本书中是指由利益相关者组成的群体；②多个参与主体之间会产生互动与合作，实现隐性知识与显性知识的有效转换；③知识共创的结果是共同创造新的知识，新的知识会应用于参与主体的知识系统。

（二）知识共创的维度及测量

1. 用户视角

从市场学习过程入手，在文献梳理的基础上，Lawer 和 Cranfield（2005）提出知识共创包括知识共创导向、顾客知识询问和知识应用三个维度，并基于战略、营销管理、客户关系管理、创新管理和组织学习等多领域的文献研究提炼出 23 个题项，然并未作实证分析进行检验。根据用户属性，知识共创的水平可从范围和强度两个方面体现。其中，范围是指企业与合作者在产品开发各个阶段的合作倾向，包括创意提出阶段、开发制造阶段、商业化阶段和市场化阶段；强度是指企业在特定阶段采用共创的方式完成，强度较大意味着对参与者的依赖程度更大（Hoyer et al.，2010）。

Mohaghar 等（2012）以企业与用户协同创造过程为分析逻辑，提出了知识共创能力的测量量表，分为识别有用客户、吸收客户知识、提供环境支持、利用共创知识四个维度，包括 38 个题项，其中识别有用客户，如我们会设定参与共创的客户选择标准；吸收客户知识，如我们认为参与共创的客户对企业的发展至关重要；提供环境支持，如当客户对未来发展提出设想时，我们就会拿出好的方案；利用共创知识，如我们已经建立知识库用于知识的获取和分享等。

2. 知识流动视角

根据知识资源流动方向，知识共创分为由外而内和由内而外两种渠道（Chesbrough & Spohrer，2006）。范钧和聂津君（2016）延续这种观点，认为知识共创能够分成内向型和外向型知识共创。内向型体现了将外部的知识引入组织内部进行知识重构以创造新知识的过程；外向型体现为企业为顾客提供知识，顾客将这些知识与自身技能和需求相结合，进而创造新知识并反馈给企业的过程。

范钧和聂津君（2016）结合 Mohaghar 等（2012）与王莉和任浩（2013）的测量方法，从内向型和外向型知识共创两个维度进行测量，提出"我们能挖掘出顾客潜在未能表达清楚的需求"等 6 个题项。

蒋楠等（2016）认为开放式创新下的知识共创可以分为内部嵌入知识共创和外部联合知识共创。内向型知识共创是外部知识流入内部与组织内知识进行整合并创造新知识的过程；外向型知识共创是企业与网络成员对共同提供的知识进行有效整合而创造新知识的过程。他们借鉴 Chesbrough 的研究提出了 4 个测量题项，如当产品或服务需要升级提高时，用户总能给我提出建议等。

由于知识共创在学界仍是较新的概念，因此相关研究仍处于探索性阶段并未形成系统的理论。就当前研究情况来看，学者们对于知识共创结构维度划分多以知识的不同流动方向为依据。在此基础上，结合研究对象的具体特征和研究目的对知识共创构成进行解析。然而关于知识共创的测量研究并不充分，也未能达成一致。

（三）知识共创的相关理论及研究

知识共创在本书中被用作第二个中介变量以解释利益相关者导向对开放式服务创新的作用路径，以系统阐述、完善利益相关者导向对开放式服务创新的作用机制研究。因此，本部分梳理了知识共创的过程模型、前因变量、结果变量研究并进行评述，为搭建完整的理论模型夯实基础。

1. 知识共创过程模型研究

首先，社会化视角的知识共创研究。Prahalad 和 Ramaswamy（2000）在提出知识共创概念的同时，搭建了一个系统的框架，从多个维度描述了客户在知识共创中的角色变化。包括时间框架、业务交流的性质及客户的作用、管理思维、开发产品及服务的互动、客户沟通的目的及流程。

Nambisan（2002）的研究表明，用户介入新产品开发过程的不同阶段时承载的角色也不相同。在创意的萌发阶段用户是创意灵感的提供者；在产品的设计与开发阶段用户是共同开发者；在产品的测试与市场化阶段用户是使用者。

Jakubik（2017）描述了商业生态系统中的知识共创分析框架，和其中的动态演化过程。包括行动主体、工具和技能、规则和价值观、地点和时间、方案、目标和愿景、结果。其中，行动主体是实践者和执行者，可以为个人或团体，如知识工作者、经理、领导；工具和技能是实践者的手段，如通信工具、视频会议和 Skype 通信；规则和价值观是实践的条件，如显性或隐性规则，法规、原则等；地点和时间是实践的社会背景，如社区环境；方案是活动和实践的具体分工，如任务和责任；目标和愿景是实践的驱动目的。

Gibbert 等（2002）基于 Prahalad 和 Ramaswamy（2000）的研究，从顾客关系管理层面对知识共创的过程进行探究，这一过程包括知识的来源、公共管理、原理、目标、度量标准、收益、激励措施的获得者、客户的角色、公司的角色。

Mohaghar 等（2012）提出了企业与用户知识共创过程的分析框架，主要包括识别用户、吸收用户知识、提供环境支持和利用创造知识四个方面，并且这四方面的能力共同体现了企业知识共创能力，会影响企业能否开发出好的产品及服务。

其次，知识转移视角的知识共创研究。知识共创过程分为两个阶段，无界阶段和面向解决方案阶段。在无界阶段，分散在不同领域、背景的想法和知识片段，能够通过集合成为一个共享和丰富的知识平台；在面向解决方案阶段，对知识的内涵与联系的认知不断加强，知识得以重新整合，在迭代变化中创造新的知识（Namisango，2017）。张培和杨迎（2017）将知识共创全过程分为知识共创先导阶段（Who）、知识共创发生阶段（How）与知识共创结果阶段（Where）三部分。其中，发生阶段可进一步分为知识共享、知识整合与知识产生三个环节，由此搭建了系统的多主体参与的知识共创过程分析框架。

2. 知识共创前因变量研究

既有文献对知识共创前因变量的研究主要从社会化视角和知识转移视角展开。

首先，社会化视角下的共创主体状态与特征因素。范钧和梁号天（2017）的研究表明，内部人身份认知越强，员工归属于某一特定组织的认同感受越强，从而提升外向型知识共创水平。Jeanine 等（2020）的研究认为共创主体之间的合作互补性和兼容性能够影响知识共创的水平。互补性指不同合作伙伴间的经验、专业、资源和能力的区分性。兼容性是指合作伙伴的文化、管理风格和经营策略的相似性。

基于对全国名医工作室数据的实证研究，史伟和申俊龙（2018）证明了社会资本价值观和职业资历对组织内部知识共创有正向影响，其中社会资本价值观是个体基于心理契约、协议关系契约，对协作关系未来收益的判断；职业资历体现了个体在工作当中积累的专业知识和不断形成的心智模型的过程。

其次，社会化视角下的组织氛围与外部因素。范钧和聂津君（2016）认为企业—顾客在线互动的信息导向和任务导向，对外向型、内向型知识共创均有显著正向影响。范钧和梁号天（2017）的研究表明，创新氛围影响知识共创水平，主要通过任务导向、社区支持和顾客赋权三个维度展开，通过内部人身份认知的中介作用，影响知识共创水平。

再次，知识转移视角下的客观因素。知识连接（knowledge ties），即知识之间流动的渠道，对知识共创会产生正向影响（蒋楠和赵嵩正，2016）。且这种关系受到知识技术距离和知识地理距离的调节作用。其中，知识技术距离是共创主体间技术和知识的相似程度，对知识共创的产生起到负向调节作用。

最后，知识转移视角下的能力因素。基于对全国名医工作室数据的实证研究，史伟和申俊龙（2018）证明了知识共享是知识共创的重要基础。这说明个体能够从其他共创主体获得的知识丰富性越强，知识共创的水平越高。Jakubik（2018）在探究商业生态系统知识共创过程时提出，共创主体之间的学习协作能力会影响知识共创的水平。

3. 知识共创的结果变量研究

既有文献对知识共创结果变量的研究主要包含企业的绩效及竞争力、创新及其绩效和顾客需求及满意等方面。

首先，知识共创与产品开发、企业绩效和竞争力的关系研究。合作网络中企业、客户、供应商间的知识共创可促进服务能力的提升从而加强产品及服务市场竞争力，并且共创的知识能在组织间传递提高组织学习能力（Akasaka et al.，2012）。Mohaghar 等（2012）的研究亦表明与顾客进行共创知识将有助于企业开发新的产品。

范钧和聂津君（2016）继续研究并证明该观点，认为外向型和内向型知识共创对新产品开发绩效均有显著正向影响。Jakubik（2018）提出知识共创与绩效之间存在正向效应，且受到信息可验性（information verifiability）调节，也就是说，当企业所面临的宏观和微观商业环境的可靠信息感知程度提高时，上述正向作用效果加强。

其次，知识共创与创新及创新绩效的关系研究。蒋楠等（2016）的研究认为知识共创对服务创新绩效有显著的正向影响。Alves 等（2016）指出，知识共创是知识创新的主要源泉，这个过程受到知识共享的中介。相对于知识共享而言，知识共创能够带来新的价值成果，更容易明晰知识产权解决多主体协同过程中的权益保护与知识溢出的回报等问题（史伟和申俊龙，2018）。

最后，知识共创与顾客需求、顾客满意和顾客忠诚之间关系研究。顾客共同知识创造的过程有助于深入挖掘用户需求，将需求转换为创意及时反馈在产品开发中，从而有效提高企业产品开发能力（Gibbert et al.，2002）。通过与顾客知识共创不仅能实现用户满意、提高顾客忠诚，还会促进知识的良性循环，增强企业的知识创新能力，使企业在知识经济时代具备自我更新的知识来源（Sawhney et al.，2005）。此外，Sawhney 和 Prandelli（2000）提出，企业跨界知识共创能够带来更强的创新潜力、更高的市场契合度与顾客满意度、更低的信息模糊性。

综上所述，无论是国内还是国外，对知识共创的研究都较为零散，其中关于知识共创概念较为一致的观点是，知识共创需要多主体共同参与，参与对象依据研究的主题而有所不同；知识共创最终会形成新的知识，然而形成知识的过程是各有侧重和特点的。对于知识共创维度和量表的研究近些年才开始，国内外学者对此的研究仍处于起步阶段。

学者们对于知识共创维度的识别方式比较一致，大多从知识的流动方向进行划分，并结合研究对象的具体特征和研究目的对知识共创构成进行解析，但与测度相关的文献并不是很多也尚未达成一致。既有文献对知识共创的前因变量研究包括社会化视角和知识转移视角。结果变量的研究主要包含企业的绩效及竞争力、创新及其绩效和顾客需求及满意等方面。少有对企业商业模式变革、商业模式创新等方面的探讨，因此本书将分析知识共创对开放式服务创新模式的影响，分析企业与利益相关集体的互动学习及新知识的产生，在提高开放式服务创新过程中的重要作用。主要探究知识共创作为中介变量在利益相关者导向与开放式服务创新影响机制中的作用机理。

五、跨组织联结网络

（一）跨组织联结网络的内涵

对于跨组织联结网络（inter-organizational linkage network）的界定，学界的表述并不太统一，但本质上都归纳为跨组织联结结构、跨组织网络结构等。Williams（2005）的研究指出跨组织联结网络是一种能够使所有的合作网络成员都从中获益并愿意接受的网络结构。Burt（1992）则在网络分析中提出两种方法，一种是通过关系分析方法解释行动主体间的密切程度。另一种是通过位置分析法分析行动者在行动体系中的位置及其作用。跨组织联结网络是由三个层次的嵌入过程形成的，包括关系的、结构的和位置的（Shipilov & Gawer，2019）。其中，关系网络根据不同个体属性体现出差异，这些差异包括关系的持续时间、投资量、纯粹的协作和混合协作、节点的改变（Hoffman et al.，2018；Hernandez & Menon，2021）。结构网络往往源于第三种关系的存在。

我国学者彭正银等（2019）在《南开管理评论》中正式将跨组织联结网络描述为：一种通过组织间相互嵌入的网络位置（network location）和网络关系（bridging ties/network contacts）反映组织所处的内外部环境的组织情境。对应网络位置和网络关系的内涵，他们认为跨组织联结网络应通过结构维度和关系维度两个方面进行考虑，其中结构维度指网络位置中心程度，网络位置中心程度反映了节点企业在网络中作为"沟通枢纽"的程度，以及对资源获取和掌控的程度。网络节点位置越高，在联结网络中获取资源的机会就越多，获得控制其他企业竞争优势的可能性也越大。关系维度指网络组织成员间的互动程度和嵌合程度，反映了企业间交流互动的频次以及双方的信任度和持久度。

本书主要参考彭正银等（2019）对跨组织联结网络的研究，从网络位置（network location）和网络关系（bridging ties/network contacts）两方面对跨组织联结网络进行理论梳理与探讨。

首先，网络位置。White（1994）提出网络位置代表企业在复杂网络中参与行动及行动主体间关系的结果。Tsai（2001）延续了这种观点，认为在网络中每个行动者都与其相关者之间存在关联，这些关联与节点决定了行动者在网络中的位置。Zahher等（2005）认为衡量企业关系属性和位置状况的因素为网络位置中心度，在网络发展的初期，各个节点的中心度都偏低，此时的网络呈同配性（assortativity）。Zaheer等（2010）的研究表明企业的网络位置往往代表网络联结的规模，也与网络中的凸显性（visible）密切相关。具备高凸显性网络位置的企业有机会获取网络内的关键资源并在网络规则的制定中掌握话语权。

其次，网络关系。网络关系体现了组织间的互动强度和嵌合程度（彭正银等，2019）。网络关系这一概念主要源于社会网络理论，认为资源是通过"弱关系"（Granovetter，1973）和"结构洞"（Burt, 1992）获得的。Granovetter（1973）在 *The Strength of Weak Ties* 一文中对网络关系进行定义，即由接触时间与频次、情感强度、相互信赖性、互惠性四个方面共同组成的集合概念，分为强关系和弱关系，其中强关系是较强的情感维系的关系，信任程度更高、互动更频繁、合作更持久。与之相反，弱关系体现较弱的、联系不频繁和短暂的关系。

基于上述思想，黄中伟和王宇露（2007）从个体网络出发，认为网络关系是解释嵌入于人际关系网络中的二元主体间的结构与特征，体现为关系疏密与关系质量两个方面。从战略视角出发，网络关系指不同企业主体之间为了共享资源、信息而通过市场机制主动联系起来的相互关系（Miles & Snow，1992）。从利益相关者的视角，网络关系是需要发展和维护的供应商、服务人员、客户和其他利益相关者之间的关系（Hsieh，2017）。Srinivasan 和 Venkatraman（2018）则从平台角度，提出网络关系除个体所属的网络外，还包括不同类型的互补性网络，与各类行业密切相关。

　　参考彭正银等（2019）跨组织联结网络的研究，将跨组织联结网络定义为一种由企业利益相关者相互嵌入的网络位置和网络关系，来反映企业所处的外部环境的组织情境。

（二）跨组织联结网络的维度及测量

　　首先，网络位置。钱锡红等（2010）将企业的网络位置划分为中心性和结构洞两个维度。中心度刻画了行动者在网络节点中的重要程度，可用来衡量企业充当网络中心枢纽的程度（Burt，1992），和对资源获取与控制的程度（Yu et al.，2011；Badar et al.，2013）。

　　结构洞体现了企业与其相联系的主体之间的关系模式（Uzzi，1997）。Paruchuri（2010）亦延续这一观点，通过中心性和结构洞两个方面对网络位置进行衡量，并实证检验了网络位置与创新的重要影响。徐勇等（2011）在研究中从中心性、结构洞和弱关系三个方面来衡量企业网络位置。

　　其次，网络关系的维度及测量，可分为不同研究视角。从关系持久度视角。关系持久度反映了网络关系稳定性程度，可以用企业与其合作者交流的时间跨度进行测量（Johnson et al.，1996）。

　　从关系质量视角。在关系质量的测度方面仍存在多种观点，普遍认为关系质量是一个多维度结构变量，需要整合不同维度进行全面测量。关系质量的测量包含信任和满足两个层面（Crosby et al.，1990）。在研究与供应商的合作关系时，Kumar 等（1991）将忠诚和冲突纳入这一概念范畴。关系质量可以分为信任、承诺、沟通质量和相互理解（Goo & Nam，2009）。尽管测度方面的研究仍存在分歧但普遍认可信任和承诺是关系质量的核心构成要素。

从关系强度视角。网络关系强度（intensity）或关系频率（frquency）是表现网络关系特征的重要指标（潘松挺，2009）。其中，人与人之间、组织与组织之间因互动交往所形成的纽带关系在强度上是有强关系（strong tie）和弱关系（weak tie）的差别的，强关系体现的是同性质个体的交往且联系的纽带往往是情感，而弱关系是异质性个体的交往（Granovetter，1973）。另外，Zhao等（1995）在研究中表明，企业的网络关系包含规模和强度两个维度，规模指企业所构建的网络联系数量；强度指企业与网络主体保持密切联系的程度。

跨组织联结网络是一个多维度的复合概念，关于这一概念缺乏独立的结构维度与测量量表。但跨组织联结网络包含的网络位置和网络关系的测量研究比较充分，也经过大量实证检验，为本书奠定了理论基础。

（三）跨组织联结网络的相关理论及研究

综上所述，本书仍然从网络位置和网络关系两个方面探讨跨组织联结网络的相关理论与研究。

1. 网络位置

首先，网络位置与企业创新的关系研究。Tsai（2001）提出组织内网络存在知识转移，因此网络位置会影响业务单元创新和绩效。王晓娟（2008）认为网络集群中企业所处的位置能够对绩效发生作用。Kim和Park（2010）指出占据网络中心位置的企业有机会获取更多异质性资源和有价值的信息，从而有利于企业创新行为。钱锡红等（2010）在研究中提出具有高中心位置的企业更易参与学习、捕捉知识转移和信息互换的机会从而推动创新。

其次，网络位置与知识搜索、获取和整合的关系研究。研究表明企业越是处于中心位置，越是被赋予更多权利，因此更加有机会识别和发现网络中的多样化资源与有价值的知识，并能够通过联结关系获取这些知识与资源（Gilsing et al.，2008；Kim，2019）。

最后，另有研究表明，明晰网络位置对组织联盟（陈祖胜等，2018）、新产品开发（陈培祯和曾德明，2019）和联合投资（周伶等，2014）等企业行为都有积极的促进作用。

2. 网络关系

首先，网络关系对企业绩效的影响研究多集中于其内在机理或行为路径等方面的探讨。大多研究从强关系与弱关系视角进行探索，如以 Granovetter（1973）为代表的学派推崇弱关系的作用，认为弱关系才会带来更多异质性知识和多元化信息，这是提升企业绩效的关键。Coleman（1988）隶属的强关系学派则认为强关系作用下，更高的信任、承诺和情感联结会加快企业之间知识传递速度，从而影响合作并促进绩效的提高。

其次，从企业能力的视角，杨俊等（2009）探讨了关系强度对资源获取的作用，认为关系强度高的企业，能够撬动关系网中所需的资源，为企业提升绩效获得资源支持。彭伟和符正平（2015）提出，资源整合在联盟关系网强度与企业绩效之间存在中介作用，联盟关系网络强度高能够提高资源识别、积累和配置水平，从而影响企业绩效。刘学元等（2016）认为网络关系强度高能够促进企业吸收能力的提升强化组织学习和研发活动，进而影响创新绩效。

再次，网络关系与资源获取、知识整合的关系。例如，Zhao 和 Aram（1995）认为，网络关系会影响企业与网络主体之间联系的密切程度，当联系更加紧密时企业获取资源的数量、质量和能力都会提高（潘松挺和蔡宁，2010；De Noni et al.，2018）。Watson（2007）认为网络关系强度与情感契约性密切相关，较强的网络关系强度会降低交易成本，同时提高企业获取与整合外部资源的能力。

网络关系与创新的关系。个体所属网络关系而存在的资源对创新的整个过程都具有重要价值（Perry Smith & Mannucci，2017）。在组织创新的背景下，创新成果的实现不仅有赖于所拥有的资源，更受到彼此网络关系中资源的影响（Ter et al.，2020）。基于强弱关系的研究，强关系有利于渐进式创新，而弱连接则会促进突破性创新（Huang & Wang，2018）。而网络关系的嵌入有助于推动企业的商业模式创新（周键等，2021）。

最后，其他研究。网络关系质量会影响用户评价企业的程度，从而会促使企业作出更积极的公民行为（迟铭等，2020）。

综上所述，跨组织联结网络是一个多维度的概念，尚未形成统一的界定和具体的测量题项。跨组织联结网络主要包含网络位置和网络关系两个维度，已有学者对网络位置或网络关系进行过大量研究可以作为重要参考。因此，本书借鉴网络位置和网络关系的研究，为分析跨组织联结网络在利益相关者导向对开放式服务创新影响机制的调节作用提供理论依据。

第三章 开放式服务创新的量表开发研究

一、问题的提出

尽管开放式服务创新的理念颇为重要，已然得到理论界与实务界的认可，但在中国管理学界的研究尚且不足。原因之一在于国内、国外学界对该构念尚未形成统一的结构维度与衡量标准，围绕该构念结构测量的研究少之又少。

现有开放式服务创新结构及测量的研究主要包括资源流动方向视角和服务创新视角。第一种是应用较为广泛的 Agarwal 和 Selen（2011）开发的包含 OSI-战略、OSI-绩效和 OSI-生产率三个方面的量表。该量表以服务创新为视角，侧重对结果与绩效的测量。主要结合服务网络和服务系统特征，得出开放式服务创新测量题项包含资产利用结果、客户满意度、服务可靠性等指标。

第二种是彭本红和武柏宇（2017）以服务创新为视角，侧重对过程的测量。通过访谈信息和相关文献研究，提出了包括市场扩展情况（即市场绩效）、服务水平情况（即服务绩效）和多方合作效率（即协作绩效）的三维度量表。

第三种是屠羽和彭本红（2016）聚焦平台企业的研究，提出了包含资源整合技术使用频率、资源整合技术投入使用速度、技术与能力提升和成功率的四题项量表。该量表从双重社会资本嵌入视角出发，以网络平台企业为研究主体，提出了以技术因素为核心的开放式服务创新测量题项。

尽管现有研究已经提出了通过检验的开放式服务创新测量量表，但仍存在一些问题：

首先，Agarwal 和 Selen（2011）的量表来源于西方，其衡量标准是否适用于中国的组织情境仍存在质疑。虽然我国少数学者直接借用西方维度与量表在组织管理领域进行研究间接验证了其适应性，但可能会导致"强制一致性"。其次，现有结构维度与测量量表研究仅仅考虑了资源流动和服务创新的单一视角，缺乏对开放式服务创新的深层内涵与独有特征的考虑。最后，我国学者屠羽和彭本红在研究中所构建的量表是以网络平台企业为依托，主要针对平台企业重点突出了技术特征，该量表已通过信度和效度检验且适应本土情境的测量，但能否应用于其他不同类型的企业，在测量其他行业的企业时是否具有足够的说服力还缺乏探讨。

考虑到以上这些问题，基于中国现有的组织情境特点，本书将结合商业模式创新内容，以及开放式服务创新最早的提出者 Chesbrough（2013）的研究，延续并深入分析开放式服务创新的概念与结构。从而提出能够反映开放式服务创新内涵与特征的且具有本土化意义的测量量表，不仅可以为后续研究提供测量分析的工具，而且建构了利益相关者导向对开放式服务创新影响机制的完整研究体系，是对开放式服务创新理论的进一步补充。

二、开放式服务创新的内涵与结构

现有关于开放式服务创新的研究较为零散，如价值共创理论（王娜和陈春琴，2016）、协同理论（陈劲和董富全，2014）等都被引入并用于补充完善开放式服务创新理论，但均未形成成熟的研究框架体系。并且，开放式服务创新作为一个复合概念包含"开放式创新"和"服务创新"两个交叉元素，这使很多研究仅以其中某一视角为支点，或将两个元素的内涵进行叠加论述，从而导致研究视角各有侧重、差异较大，不利于后续的深入探讨。另外，最重要的弊端在于这些研究没有探讨开放式服务创新区别于服务创新与开放式创新的本质。毫无疑问，开放式服务创新包括哪些内容，开放式服务创新具有哪些独有的特征，开放式服务创新过程和表现都有哪些，这些最为基本的问题都是需要迫切被探讨的。

为了更好地把握开放式服务创新的内涵与特征，笔者首先梳理了 Chesbrough

（2013）对开放式服务创新的首创研究。Chesbrough（2013）在研究中论述了企业如何完成以产品为基础的商业模式向以服务为基础的商业模式的转型，同时实现封闭式向开放式的转变。这一过程中开放式服务创新需要包含四个方面的内容，如表 3.1 所示。

表 3.1　Chesbrough 的开放式服务创新定义

序号	标题	内容
子概念一	服务逻辑思考	从服务的角度对现有的所有业务进行思考
子概念二	合作式创新	要改变客户在创新过程中的角色，与客户形成合作式创新
子概念三	开放式创新	要通过整合内部和外部资源，将新的想法和观念转化为商业化的产品和服务，再通过各种渠道将产品和服务推向市场，此时企业能够为客户提供更丰富的选择
子概念四	服务型商业模式	企业最终实现的将是向服务型商业模式的转变和健康的商业平台的搭建

第一，要从服务的角度对现有的所有业务进行思考。企业无论是生产产品还是提供服务，都可以从服务方面对现有的运营策略进行定位，找到形成竞争优势的新的起点。为此，企业要以为客户提供更好的消费体验为依据，采取定制化与标准化相结合的手段，同时企业服务部门要摆脱边缘地位被赋予更重要的作用，对服务供给进行有效的管理。

第二，要改变客户在创新过程中的角色，与客户形成合作式创新。企业让客户参与创新能够克服隐性知识的障碍，拓宽创新的范围。

第三，要通过整合内部和外部资源，将新的想法和观念转化为商业化的产品和服务，再通过各种渠道将产品和服务推向市场，此时企业能够为客户提供更丰富的选择。

第四，企业最终实现的将是向服务型商业模式的转变和健康的商业平台的搭建。考虑到固定资产的服务价值、目标客户、价值链的重组和定价方式等因素，企业将实现以服务为核心的服务型商业模式的转变，并通过建立平台延伸服务理念打造服务生态系统。

Chesbrough 的研究非常准确地概括出开放式服务创新的内涵特征和具体内容，可以使读者对开放式服务创新的深层机理有较为清晰的认知。但是该理念缺乏一定的系统性，四个子概念之间的表述和内容有相互交叉重叠的地方，因此在后续的研究和现实应用过程中难以形成明确的分析框架。所以本书将系统分析 Chesbrough 的原始概念，以此为基础提炼开放式服务创新的结构维度。

开放式服务创新本质上是商业模式的创新（Chesbrough，2010）。企业实施商业模式创新的目的是为企业、股东、客户等利益相关者创造更多的价值，为了达到这个目的，企业必须对其内部惯例与外部模式进行调整（张珺涵和罗守贵，2020）。现有商业模式创新的研究主要包括过程创新视角、要素创新视角与情境化视角。其中情境化商业模式创新基于既定社会环境，聚焦于转型时期的企业如何重构制度、改变决策逻辑，这有助于本书提炼开放式服务创新在新经济时代的主题内涵。因此，参考罗兴武等（2018）的观点，认为商业模式创新是企业通过改变价值创造与获取的方式，也就是建构新的交易与制度结构进行价值创造的过程，具有价值主张、价值营运、价值分配与获取三个关键因素。

其中，价值主张是总目标，价值营运是实现路径，价值分配与获取是最终归宿，体现了商业模式创新中战略、运营与经济逻辑的统一（Morris et al.，2003）。该理论中包含的目标、路径与归宿三个关键点对本书提炼开发式服务创新结构维度具有重要支撑作用。

首先，开放式服务创新强调以服务为逻辑对企业的所有业务进行重新思考。确立服务导向在企业的战略地位，并贯穿服务要素在企业的各项业务之中。这不仅在战略思维上要从"产品至上"逐渐转变为"服务至上"，还需要将服务系统管理纳入与顾客共同创造价值，并不断提高服务水平与服务能力。结合商业模式创新的价值主张理念，认为开放式服务创新的第一层结构是对一切业务的服务思考，为开发新的服务需要建立顾客导向，通过与顾客之间的价值共创开发市场需要的新服务。

基于此，本书借鉴 Chesbrough 的概念研究，将其第一个和第二个子概念的内容进行整合用于说明开放式服务创新的第一个维度，认为开放式服务创新是以服务为起点重新思考一切业务，同时建立与客户之间的合作关系，目的是开发新服务，从而为客户提供更好的服务。

其次，开放式服务创新强调企业一方面要将外部资源内部化，使分散的知识和资源融入内部服务创新流程，进而转化形成新的服务概念。另一方面将内部资源外部化，通过将新的想法和理念转化为商业化的产品和服务，再通过各种渠道将这些产品和服务推向市场。在这一过程中，不仅企业能够从自身的研发中获得更多价值，而且企业的商业模式能在内部和外部理念以及技术资源中受益并升级。结合商业模式创新的价值营运理念，认为开放式服务创新的第二层结构是企业要展开与外部主体的合作以产生新知识开发出新服务，同时亦要将创意产品外部化打开新的资源整合途径。

基于这一分析，笔者主要参考 Chesbrough（2013）的第三个子概念用于解释说明开放式服务创新的第二个维度。认为开放式服务创新可以视为企业采取开放式的资源整合途径，既通过合作获取外部的知识和资源，亦通过内部创意外部化的方式输出知识，从而不断开发新的服务并提高服务创新能力。

最后，开放式服务创新要求企业克服惰性，调整业务模式并不断发展新的服务业务，以此满足包含客户忠诚度、客户满意度以及为客户提供长期价值的最终诉求。结合商业模式创新的价值分配与获取理念，认为开放式服务创新的第三层结构是，开放式服务创新最终要从商业模式上进行改变，不仅要跳出原有的产品驱动型商业模式，改变以成本为中心的经营理念，建立以服务为核心的服务型商业模式，更是要在服务型商业模式基础上打造开放式平台，将固有的企业边界打破，鼓励供应商和客户以及提供辅助产品或服务的其他人员参与到企业未来的商业模式设计中。

基于上述分析，笔者主要参考 Chesbrough 的内涵描述，将其论述的第四个子概念用于解释说明开放式服务创新的第三个维度。认为开放式服务创新是企业不断调整业务模式增强服务业务最终形成的服务型商业模式及平台的过程。

综合上述分析，本书首先界定开放式服务创新的概念，即是从服务的角度重新思考一切业务，通过与利益相关者建立合作实现开放式资源整合，以促成服务型商业模式的升级到商业生态平台的构建。与此同时，从商业模式创新的视角出发，提出开放式服务创新包括服务逻辑思考、开放式整合途径、服务型商业模式三个维度。

其中服务逻辑思考体现了企业以服务为宗旨的战略模式重塑，以为客户提供更好服务为视角思考一切业务，这是开放式服务创新的重要内涵；开放式整合途径体现了企业要积极将内外部资源、知识进行整合，并开拓内外部渠道进行市场化，以汲取异质性、多样化的知识，这一开放式资源配置与整合过程是开放式服务创新的重要组成部分；服务型商业模式体现了企业不断调整业务、收益等方式，通过内部结构调整与企业平台化实现向服务型商业模式的转变，是开放式服务创新的主要体现。接下来，本书将结合服务逻辑思考、开放式整合途径和服务型商业模式三个维度进行具体的量表开发，如表 3.2 所示。

表 3.2　开放式服务创新结构

结构命名	结构内涵
服务逻辑思考	企业以服务为宗旨的战略模式重塑，以为客户提供更好服务为视角思考一切业务
开放式整合途径	企业积极将内外部资源、知识进行整合；并开拓内外部渠道进行市场化，以汲取异质性、多样化知识的过程
服务型商业模式	企业不断调整业务、收益等方式，通过内部结构调整与企业平台化实现向服务型商业模式的转变

三、研究设计

（一）量表设计思路与方法

本部分研究的主要目的是开发开放式服务创新的测量量表。现有关于量表开发的研究主要分为三种方式（赵敏慧，2018）。第一种方法是基于现有文献和相关资料并进行整合，适用于当前研究主题的文献较为充分的情况，包括翻译、修改、重新提炼。翻译（translation）即将西方的成熟量表直译为中文量表。修改（adaptation）即一方面在翻译西方成熟量表中意译，另一方面对现有量表进行修改。重新提炼即对现有研究成果进行汇编、筛选与整合。

第二种方法是通过访谈获取资料，然后在对资料内容进行编码与分析的基础上提炼出测量题项并进行实证检验，适用于处在探索性研究阶段，也就是缺乏充足文献支持的情况，包括去情境化（de-contextualization），即开发出具有普遍适应性的量表；情境化（contextualization），即开发出精准反映我国特殊国情的量表。

第三种方法是将第一种方法和第二种方法进行结合，即对现有文献进行梳理，并同时采用访谈与内容分析，从而开发出测量量表并进行实证检验（Dunn，

1994；Hinkin，1998；闫华飞和胡蓓，2014）。

本书将采用第三种方法，因为开放式服务创新在国内外尚处于理论探讨阶段，虽然相关研究在概念、维度与测量题项上尚存争议，但已有一定数量，可以为本书的研究提供基本思路。在开发开放式服务创新的量表过程中，基于文献回顾形成相应的理论判断，再对访谈内容进行编码与分析从而提炼出测量题项，最后通过大规模的问卷调查及实证研究来检验问卷的信度与效度。

借鉴 Churchill 等（1979）提出的量表开发程序，结合赵斌等（2014）和王国猛等（2018）的量表开发流程，本书提出如下具体思路用以进行开放式服务创新的量表开发：

首先，通过文献梳理进行理论建构，提出开放式服务创新的内涵和结构维度假设。其次，邀请现实企业管理者进行半结构式访谈，访谈内容主要围绕他们对开放式服务创新的看法，从而获得关于开放式服务创新内涵或表现形式的相关内容。再次，根据本书对开放式服务创新的假设分类邀请相关专家对访谈事例进行全部条目的评定，得到中国情境下开放式服务创新的初始测量量表。最后，基于这一封闭问卷，进行大规模问卷调查并对量表题项进行净化和信度、效度检验。

（二）访谈过程与结果

通过对开放式服务创新相关理论的回顾与梳理，本书初步形成开放式服务创新的一些理论判断。这些理论还缺乏实践依据，因而访谈研究能帮我们了解并获取这些现实状况和资料。与此同时，为了探究开放式服务创新及其包含的三个结构内涵，本书选择访谈研究方法中的半结构访谈模式（semi-structured depth interview）作为深度访谈的主要形式。

半结构访谈在定性研究与社会学领域中具有非常重要的地位（Wengraf，2001）。在进行半结构访谈前，需要设计一个粗线条的访谈提纲。访谈者根据实际情况可以随时对提问内容和追问内容进行必要的调整，而不用拘泥于问题的固定顺序。在访谈中要根据访谈对象的回答做好内容记录或在访谈对象允许的情况下做好录音，还要根据研究议题的需要记录访谈对象基本信息、访谈时长、访谈地点等（廖星和谢雁鸣，2009）。

通过半结构式访谈，本书能够了解现实情境中开放式服务创新如何体现且具有怎样的特征，同时检验本书提出的开放式服务创新的三个结构假设是否存在，又具有何种形式等。并且,本书会选取与议题相关的企业管理者作为访谈对象,分析这些一线工作的管理层员工对某些问题的理解与反馈,从而总结出开放式服务创新的表达方式及专用术语,这将会成为开发量表题项的重要依据。具体将按照如下内容展开:

1. 访谈对象

本书的访谈对象是在一线工作的管理层员工。同时,访谈对象所在的企业需要满足如下条件:一是企业正在推进服务化业务,能够为客户提供产品的衍生服务或服务解决方案;二是鉴于不同行业企业在开放式服务创新过程中行为表现和特征可能存在差异,我们在选择案例企业时会均衡考虑多样化行业。

本书自 2018 年 11 月至 2019 年 6 月,分别对长春、哈尔滨、上海、北京等地区的 34 名企业管理者进行半结构式访谈,最终认为其中 30 个受访者的回答与表述逻辑清晰、内容贴切,比较符合本次提炼测量题项的研究。

其中,包括基层管理者 18 名、中层管理者 9 名、高层管理者 3 名;博士研究生 3 名、硕士研究生 15 名、本科 12 名;男性 12 名、女性 18 名。访谈对象所属行业中,互联网行业 9 名、服务业(生产性)9 名、制造业 12 名。具体总结如表 3.3 所示。

表 3.3 样本企业

变量	特征描述	频数	百分比(%)	总人数(人)
行业	互联网行业	9	30	30
	服务业(生产性)	9	30	
	制造业	12	40	
员工级别	基层管理者	18	60	30
	中层管理者	9	30	
	高层管理者	3	10	
学历	博士研究生	3	10	30
	硕士研究生	15	50	
	本科	12	40	
性别	男性	12	40	30
	女性	18	60	

2. 访谈提纲与实施访谈

首先，访谈的目的是要了解处在现实工作中的一线员工，获取他们对开放式服务创新的态度和评价内容，并从中得到描述开放式服务创新的具体行为事例。考虑到"开放式服务创新"的内涵过于生涩和学术化，我们在访谈问卷的指导语中，除对这一概念给出具体定义外，还配合了一段相应的企业案例，希望能够帮助访谈对象更好地理解本书概念。在向受访者展示开放式服务创新的定义和具体案例后，我们主要向他们提出两个核心问题：①您对开放式服务创新有什么看法？②您能提供哪些具体事例来证明您的看法？

按照半结构访谈的需要使访谈顺利、有效地进行，我们事先准备了一份访谈提纲（具体内容详见附录一）。同时，为了确保访谈问题是清晰且有意义的，笔者从熟识的企业管理者与战略管理领域学者中邀请 5 人，进行访谈问题和案例的阅读试测，请他们提出修改意见，然后根据这些建议对访谈提纲做进一步的完善。

其次，在设计好访谈提纲后，主动联系访谈对象约定访谈时间和地点。在访谈前期，要对访谈对象详细地表明访谈的目的和意图。同时，在受访者允许的情况下，可开启录音设备，注意记录受访者回答的重点和与之有关的重要信息，其中不相关回答的部分可根据情况自由记录。并且，访谈过程中要围绕提纲发问但不能过于依赖提纲，可根据受访者分享信息的深度和广度对所提问题适当调整，充分调动访谈对象的积极性，营造自由轻松的氛围，全面深入地了解研究问题。具体实施访谈的流程如图 3.1 所示。

3. 访谈资料收集与整理

要求每位受访者对访谈问题进行回答，通过对访谈笔记和录音进行文字转换后得到有关开放式服务创新的具体表现。待所有访谈的内容汇总后，将访谈的文字全部"打碎"为以语句为最小分析单位的事例，且每一个语句只表示一个概念。经整理获得了 234 条关于开放式服务创新的具体描述事例。按照前文的理论预设进行初步分类，其中有关于"服务逻辑思考"的开放式服务创新事例有 121条（大约每个调查对象 4.0 条），如样本 28："每隔一段时间都会给金葵花用户举办一次活动，有机会互相增强好感，了解他们在理财方面的需求，也正好及时地开发推广我们最好的产品"；有关于"开放式整合途径"的开放式服务创新事例有 79 条（大约每个调查对象 2.6 条），如样本 20："尽可能地和各大高校、科

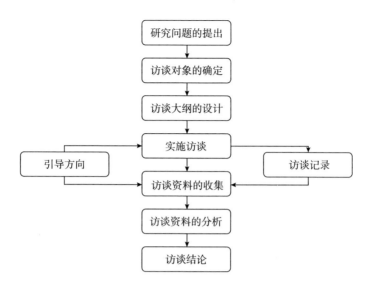

图 3.1　访谈流程

研究院所进行战略合作，由它们负责提供设计"；有关于"服务型商业模式"的开放式服务创新事例有 34 条（大约每个调查对象 1.1 条），如样本 18："要把传统的这种渠道运营变为品牌运营，这就需要依靠技术，用信息技术来构建一个覆盖率强的、渗透高的网络平台，把现有的销售体系作一个革新，所有的参与者都能到平台中来找机会"（见表 3.4）。

表 3.4　部分事例

访谈人员	事例
样本 6	比如，我们就在作一个打通端到端的产品，它能够直面我们的用户需求，以最快速度做出响应……借助数据分析了解我们的用户需求、用户生活方式，尤其是年轻消费群体
样本 8	在发酵领域，不仅说可以为用户提供单机产品，还可以根据需求提供绿色节能、环保的系统解决方案
样本 10	服务化不是盲目的决策，他是你的企业产能达到一定程度以后，为了维持住，作出的一种水平和垂直并向进行的创新……水平创新比方说要开展定制化的服务，满足不同用户的需求
样本 18	要把传统的这种渠道运营变为品牌运营，这就需要依靠技术，用信息技术来构建一个覆盖率强的、渗透高的网络平台，把现有的销售体系作一个革新，所有的参与者都能到平台中来找机会

访谈人员	事例
样本 20	尽可能地和各大高校、科研院所进行战略合作，由它们负责提供设计，像我们公司在绥滨这一段的路，就是由××大学的老师领着出的图纸……
样本 25	目标是整合全球优秀设计师和相关的生产、物流，打造出一个国际原创设计师这样的服装云平台，当然这需要大数据、网络平台来支持，让技术不断升级才能做好这部分服务
样本 28	每隔一段时间都会给金葵花用户举办一次活动，一方面了解他们在理财方面的需求，另一方面也好及时地开发推广我们最好的产品……更高级的用户（存款 500 万元以上）会有定制服务、高端旅游、高端理财等，完全按照用户需求一对一来提供
……	……

分别删掉这些描述中不太清晰的开放式服务创新事例条后，我们得到了有关"服务逻辑思考"的事例为 118 条；"开放式整合途径"的事例为 78 条；"服务型商业模式"的事例为 32 条，共得到事例 228 条。

（三）内容分析

从大量文字内容中提炼题项的方式有两种，分别为扎根理论方法与内容分析法。其中，扎根理论方法适用于没有理论假设的情况，通过对原始资料的提炼概括经验并上升为理论；内容分析法则适用于有理论预设的情况，通过编码分析来解释研究结果（颜士梅，2008）。依据 Holsti（1969）的观点，内容分析法适合于分析烦琐复杂的资料，尤其是当对这些资料作出系统和客观的评价超出了个体的分析能力时。因此，通过内容分析法采用定性与定量相结合的方式，以定性的问题假设为出发点，在文字内容中找出反映本质内涵又易于计量的特征，从而使文字内容转为可描述的资料并进行分析得出结论。

在本书的第三章第二节中，笔者提出了开放式服务创新的划分方式及结构维度假设，故将采用内容分析法进行量表题项的提炼。基于对访谈获取的事例内容进行筛选与整合总结出开放式服务创新的具体测量内容。

借鉴窦军生和贾生华（2008）以及洪雁（2012）采用归纳法进行内容分析的研究思路，笔者将通过四轮编码和归类来分析半结构式访谈获取的文字内容。本书将邀请管理学专业的学者和相关行业企业的工作者参与编码，一共包括四轮编码，分析 228 条开放式服务创新事例。并且考虑到沟通交流可能会影响编码结果的普遍化，请所有编码员在编码过程中独立编码。

1. 第一轮编码

内容分析法的核心在于确定分析体系，确保归纳的类别之间存在完全互斥的关系。因此在编码的过程中，要反复斟酌、修订，使编码结果科学严谨。首先，提供对"服务逻辑思考""开放式整合途径"和"服务型商业模式"的定义。再请三位战略管理专业的博士生作为编码员，根据服务逻辑思考、开放式整合途径和服务型商业模式的类别定义，选择一条事例作为参考，然后开始对所有的228条事例进行归类，为了确保归类的科学性，当认为某事例无法归属于任何一类，可提出新的类别。

经过第一轮编码228条事例均归入三个类别，且并没有得到第四个类别，初步验证了第三章第二节提出的开放式服务创新维度，其中，服务逻辑思考有117条事例、开放式整合途径有78条事例、服务型商业模式有33条事例，三位编码员之间的一致性较高，为98.33%。

2. 第二轮编码

第二轮编码的目的是验证上轮编码的准确性，从而确保开放式服务创新的归类标准，即服务逻辑思考、开放式整合途径、服务型商业模式三个类别的可靠性。首先，从第一轮编码结果的事例库中择取60条，分别放入预设类别，再次，归类发现仍归为服务逻辑思考、开放式整合途径、服务型商业模式三个类别。

然后，对事例库中剩余的168条事例继续归类，在此过程中，若出现超出服务逻辑思考、开放式整合途径、服务型商业模式的事例，需要增加新的类别，同时要保证每个类别是互斥的。第二轮编码结果显示，三人评判一致（三位编码员同意某条事例可以归为同一类）的事例为178条；两人评判一致（三位编码员中有两位同意某条事例可以归为同一类）的事例有50条。

带着这个结果，笔者组织三位编码员开会商讨。经过两个多小时的讨论，三人最终达成一致的事例有48条。这个过程中删减了评判一致性较低的事例2条，其中，"开放式整合途径"的事例占1条，"服务型商业模式"的事例占1条。通过进一步的整理，我们又删减了基本相近的重复事例2条，得到224条，其中，有关"服务逻辑思考"的事例为115条；"开放式整合途径"的事例为77条；"服务型商业模式"的事例为32条。三位编码员之间的一致性程度是99.73%。

3. 第三轮编码

为了继续验证编码结果和归类标准的科学性，第三轮编码实行反向归类。本轮编码邀请未参与过前两轮编码的新的编码人员，编码员均为管理学专业的博士与硕士研究生，能够胜任此次编码的任务。先告诉三位编码者各个类别定义，对删减后所得的 224 条事例归类。

第三轮编码结果表明，三人评判一致（三位编码员同意某条事例可以归为同一类）的事例为 176 条；两人评判一致（三位编码员中有两位同意某条事例可以归为同一类）的事例有 38 条；单人同意（三位编码员中有一位同意某条事例可以归为某一类）的有 10 条。本轮编码并没有出现新的类别和不能进行归类的事例。其中，服务逻辑思考有 114 条事例、开放式整合途径有 77 条事例、服务型商业模式有 33 条事例。

参考洪雁（2012）的观点，对现有的 224 条事例进一步精简，合并其中内容相似的事例，选择一条具有代表性的事例保留，这个过程中"服务逻辑思考"的事例减少了 90 条，"开放式整合途径"的事例减少了 34 条，"服务型商业模式"的事例减少了 10 条。依据上述方式对剩余的 84 条事例继续精简，最终剩余 46 条事例，其中，"服务逻辑思考"有 19 条事例、"开放式整合途径"有 18 条事例、"服务型商业模式"有 9 条事例（见表 3.5）。

表 3.5　前三轮编码过程　　　　　　　　　　　　单位：条

具体步骤	服务逻辑思考	开放式整合途径	服务型商业模式	合计
访谈条目	118	78	32	228
第一轮编码				
初步归类	117	78	33	228
第二轮编码				
删减条目	2	1	1	4
剩余条目	115	77	32	224
第三轮编码				
删减条目	96	59	23	178
剩余条目	19	18	9	46

4. 第四轮编码

第四轮编码后希望可以得到初始测量题项，我们邀请了两名战略管理领域的学者和一名企业高级管理者组成评价小组。受邀的学者主要从事战略管理方面的研究，受邀的高级管理者具有 30 余年从业经验，认为他们分别拥有丰富的理论基础和实践经验，完全能够胜任对本书研究概念及其内容进行评价的任务。

本轮编码主要基于李克特 5 点量表的方式对获得的 46 条开放式服务创新事例进行评估，经过打分删减掉其中得分相对较低（平均得分小于 4）的事例，剩余 15 条事例。继续与编码人员精简该 15 条事例，最终得到"服务逻辑思考"有 4 条事例、"开放式整合途径"有 4 条事例、"服务型商业模式"有 4 条事例，共计 12 条事例，具体题项如表 3.6 所示。

表 3.6 初始量表题项

维度	题项
服务逻辑思考	我们认为服务经济是主导企业一切活动的基础
	相比产品而言，开发新的服务或服务解决方案更重要
	我们愿意加强与客户的交往互动
	我们会以客户的价值需求为导向
开放式整合途径	我们会经常扫描外部环境并引入外部技术、专利与知识等
	我们会在开发新服务过程中积极寻求外部主体的知识和技术源（外部主体，如研发机构、大学、供应商、顾客和竞争对手等）
	我们会经常向外部授权、转让技术和专利
	我们认为公开企业部分核心知识将有利于企业竞争优势
服务型商业模式	我们会提供服务或服务解决方案来形成新的收益模式
	我们会通过调整组织架构或重组内部结构来适应服务化收益模式的变化
	我们会通过建立平台的方式让供应商、顾客、员工等更多主体参与进来
	我们有足够的资源和领导力搭建商业平台

信度与效度评估。在本书中信度是用来评判内容分析结果是否具有一致性、可靠性与稳定性的指标，一般可用类别信度（category reliability）和编码者间信度/交互判别信度（interjudge reliability）来衡量。类别信度是指每个编码者根据类别定义并将事例归纳于特定类别中的判断一致性与稳定性；编码者间信度是指

处理相同事例并将事例归纳于特定类别中的判断一致性。鉴于信度系数直接影响访谈资料的内容分析结果，因此进行信度检验是非常重要的，为了提高信度，本书就整个内容分析的过程实施了严格的规范控制：

基于对现有文献的梳理，在建立类别时最大限度地考虑了相互之间的互斥性，尽可能保证在内容分析的过程中一个分析单位只可能被放进一个类别，不仅明确了分类界定的边界，也确保了编码规则的清晰。

本书邀请的编码人员或是来自管理学领域的研究者，或是在企业实践领域具有多年从业经验且同时具有本科以上学历的管理者，这在一定程度上确保了编码员的理论素养及编码能力。

与此同时，在正式编码前还会就相关内容进行集中培训，帮助他们就初始类目的内涵达成一致认识，并进一步提高编码人员对研究议题的了解程度。编码完成后，笔者对第一轮编码结果进行编码者间信度的计算（Holsti，1969），编码者间信度的计算公式为：

$$r = \frac{n \times S}{T_1 + T_2 + \cdots + T_n} \tag{3-1}$$

其中，n 代表编码者的数量；S 代表编码者得出一致编码的数量；T_n 表示第 n 个编码者的编码数量。同时对第二轮和第三轮编码的归类结果进行描述性统计。信度检验的统计数据显示本次内容分析的编码结果具有一致性与可靠性。

在本书中，效度是用来评判内容分析结果在多大程度上反映了要考察内容的程度。在内容分析法中普遍采用内容效度进行评定，也就是指标对要测量的概念是否符合经验推演逻辑。为了提高内容效度，关于服务逻辑思考、开放式整合途径、服务型商业模式三个类目表的设置均建立在系统的文献梳理和严格的内涵界定基础上，具有扎实的理论基础。

并且，在编码过程中编码员均认为编码工具已经能够从不同方面反映服务逻辑思考、开放式整合途径和服务型商业模式的特征。而且，本书的编码过程始终遵循规范的流程。因此，可以认为本次内容分析过程具有较好的效度水平。

四、数据处理与研究结果

本部分希望在描述性统计分析得出的结论基础上，通过统计学方法继续检验其外部效度，从而对结构维度的内容作更细致的分析，以完善企业开放式服务创新的测量题项。具体来说是将初始形成的测量条目形成封闭式问卷，用于收集企业企业问卷调查的数据，并据此开展量表结构探索、量表结构检验和量表信度、效度分析。

（一）研究样本

1. 调研对象的选择

针对本书的研究问题，调研对象主要选取企业的各层次管理人员，因为从事管理层的人员相对普通员工更容易理解和把握企业战略和商业模式等概念，适合参与本研究的调研，所以我们将通过被调研者的自身经历和体悟来获取数据。同时考虑到本书的研究议题中开放式服务创新的特征，尽可能选择被调研者所在的企业正在推进或已经存在服务化业务。鉴于被调研者的管理层职位要求和调研内容的非普遍性，难以通过随机或偶遇等方式联系，因此借助亲友关系或同学关系，靠"滚雪球"式推荐的方法发放问卷，这样既可以降低搜寻成本也可以保证回收问卷的质量。

从2019年7月至2019年12月，本阶段的问卷收集历时5个月。样本主要来源于长春、沈阳、哈尔滨、北京等城市。本次发放问卷的途径包括微信、电子邮件与实地调研等。本次研究一共发出600份问卷，剔除回答时间较短、漏答等无效问卷，共收回有效问卷484份，有效回收率为80.67%，参考赵斌等（2014）和王国猛等（2018）的量表开发过程，将数据随机分为两个部分，数据A（242份）用于进行"项目分析和量表净化"，数据B（242份）用于进行"验证性因子分析、信度检验和效度检验"。

2. 样本特征分析

根据被调研者提供的个人与所在企业的基本资料信息，笔者进行了描述性统计分析，以摸清样本的基本结构。表3.7详细列出了回收问卷的企业特征信息。

表 3.7　企业特征描述性统计

特征	类别	样本数量（份）	占比（%）
企业规模（员工人数）	100 人及以下	152	31.40
	101~500 人	162	33.47
	501~1000 人	108	22.31
	1000 人以上	62	12.81
企业性质	国有企业	112	23.14
	民营企业	144	29.75
	外商独资企业	74	15.29
	中外合资企业	154	31.82
所属行业	农、林、牧、渔业	28	5.79
	制造业	178	36.78
	交通运输、仓储和邮政业	30	6.20
	信息传输、软件和信息技术服务业	24	4.96
	批发和零售业	28	5.79
	住宿和餐饮业	36	7.44
	金融业	54	11.16
	房地产业	22	4.55
	科学研究和技术服务业	56	11.57
	居民服务、修理和其他服务业	18	3.72
	教育	10	2.07

从企业规模来看，100 人及以下占 31.40%，101~500 人占 33.47%，501~1000 人占 22.31%，1000 人以上占 12.81%。

从企业性质来看，样本企业具有不同的所有制类型，如国有企业占比 23.14%，非国有企业占比 76.86%。在非国有企业中，民营企业占比 29.75%，外商独资企业占比 15.29%，中外合资企业占比 31.82%。

从企业的所属行业来看，农、林、牧、渔业占比 5.79%，制造业占比 36.78%，交通运输、仓储和邮政业占比 6.20%，信息传输、软件和信息技术服务业占比 4.96%，批发和零售业占比 5.79%，住宿和餐饮业占比 7.44%，金融业占比 11.16%，房地产业占比 4.55%，科学研究和技术服务业占比 11.57%，居民服务、修理和其他服务业占比 3.72%，教育占比 2.07%。从所属行业来看，制造业企业占比较大，因为在新经济形态下的制造业服务化需求日益增加，在生产服务过程中的开放式服务创新模式特征更明显。

（二）项目分析

项目分析（item analysis）的目的在于评定量表是否能够区分不同水平测试者的差异，亦被称为区分度和项目鉴别能力。是评价量表质量和筛选条目的重要指标，能够影响测量的效度。

具体来说，将每一题项得分按照由高到低进行排序，取上 27% 和下 27% 划分为高低组，并对高、低组进行独立样本 t 检验。若统计结果达到 0.05 显著性水平，表明项目区分度高，是有效的应予以保留；反之，选择删掉。数据 A 经过项目分析，12 个题项均具有较好的区分度，表明可以通过本量表鉴别不同水平测试者的差异程度，项目分析结果如表 3.8 所示。

表 3.8　基于 t 检验的项目分析结果

变量		均值方程的 t 检验		
		t	df	Sig.（双侧）
Item$_1$	假定齐性方差	−11.554	137	0
	假定非齐性方差	−11.554	136.968	0
Item$_2$	假定齐性方差	−7.219	137	0
	假定非齐性方差	−7.229	132.659	0
Item$_3$	假定齐性方差	−11.037	137	0
	假定非齐性方差	−11.05	134.018	0
Item$_4$	假定齐性方差	−3.605	137	0
	假定非齐性方差	−3.62	103.718	0
Item$_5$	假定齐性方差	−9.739	137	0
	假定非齐性方差	−9.706	110.522	0
Item$_6$	假定齐性方差	−8.652	137	0
	假定非齐性方差	−8.628	117.343	0
Item$_7$	假定齐性方差	−7.894	137	0
	假定非齐性方差	−7.876	123.639	0
Item$_8$	假定齐性方差	−8.889	137	0
	假定非齐性方差	−8.896	135.541	0

续表

变量		均值方程的 t 检验		
		t	df	Sig. （双侧）
Item$_9$	假定齐性方差	−9.298	137	0
	假定非齐性方差	−9.287	132.929	0
Item$_{10}$	假定齐性方差	−8.015	137	0
	假定非齐性方差	−8.002	130.186	0
Item$_{11}$	假定齐性方差	−10.234	137	0
	假定非齐性方差	−10.205	117.179	0
Item$_{12}$	假定齐性方差	−2.586	137	0.011
	假定非齐性方差	−2.595	112.314	0.011

（三）量表净化

1. 题项净化

Churchill（1979）指出，在进行因子分析前，需要对垃圾题项进行清除，否则不能很好地解释因子的含义。本书根据 CITC 值和 Cronbach's α 系数作为题项净化的依据，CITC 值体现了校正的项总计相关性，也就是某维度中所属题项之间的相关情况，当该值大于 0.5 则意味着某题项与另外的题项间有着较高的相关性；Cronbach's α 系数是不同项目划分得到的折半信度系数的平均值。

当题项同时满足以下两个条件时予以删除：①CITC 值小于 0.5；②删除该题项后 Cronbach's α 系数增加。经过检验删除 Item$_4$ "我们会以客户的价值需求为导向"、Item$_{12}$ "我们有足够的资源和领导力搭建商业平台"，其余不需要删除，后续研究通过删除后的 10 题项量表进行检验，具体如表 3.9 所示。

表 3.9 题项净化结果

		CITC 系数	项目已删除的 Cronbach's α	Cronbach's α 值
开放式服务创新	Item$_1$	0.473	0.771	0.79
	Item$_2$	0.366	0.781	
	Item$_3$	0.508	0.767	

续表

	CITC 系数	项目已删除的 Cronbach's α	Cronbach's α 值
Item$_4$	0. 147	0. 798	
Item$_5$	0. 62	0. 755	
Item$_6$	0. 598	0. 758	
Item$_7$	0. 606	0. 757	
Item$_8$	0. 465	0. 772	0. 79
Item$_9$	0. 463	0. 772	
Item$_{10}$	0. 296	0. 789	
Item$_{11}$	0. 513	0. 766	
Item$_{12}$	0. 077	0. 802	

（开放式服务创新在第一列，纵向合并单元格）

2. 维度净化

为了构建开放式服务创新的结构维度，本书利用 SPSS24. 0 对净化得到的 10 个题项进行探索性因子分析。探索性因子分析的前提条件是可以用 KMO 统计量和 Bartlett's 球形检验来判定。普遍认为当 KMO 低于 0. 5 时是不适合做因子分析的。本书的结果显示，问卷的 KMO 值为 0. 773，说明各变量间具有相关性，并且通过了 Bartlett's 球形检验，表明各变量间并非独立，可以进行因子分析。

运用主成分分析法和方差最大化正交旋转主轴抽取因子，同时要求特征值大于或等于 1。按照因子载荷不足 0. 4、双重载荷超过 0. 4 为标准进行条目删除。经过逐题删除之后，分析每次删除后的信度指标和累计解释变异量的变化，并与维度设计进行比较。

经过探索性因子分析最终得到以下三个因子分析结构和 10 个条目。三个因子分别表示为"服务逻辑思考""开放式整合途径""服务型商业模式"。详细内容如表 3. 10 所示。各个条目在相应因子上都具有较大的载荷，处于 0. 720 ~ 0. 895。三个因子累计解释方差的比例为 72. 69%。

表 3. 10　探索性因子分析结果

题项	因子 1	因子 2	因子 3
Item$_1$	0. 783		
Item$_2$	0. 854		

续表

题项	因子 1	因子 2	因子 3
Item$_3$	0.843		
Item$_4$		0.877	
Item$_5$		0.867	
Item$_6$		0.895	
Item$_7$		0.734	
Item$_8$			0.834
Item$_9$			0.720
Item$_{10}$			0.882
特征值	3.012	2.277	2.081
累计方差贡献率	30.116%	50.882%	72.69%

（四）验证性因子分析

验证性因子分析可以检验测量每个题项与因子项的关系能否满足预先理论假设。本书应用 Mplus7.4 软件对数据 B 的 10 个开放式服务创新测量题项进行验证性因子分析。结果表明，双因子模型的拟合优度较好，且明显优于单因子模型。三因子模型的统计结果显示：每个题项的因子载荷值均介于 0.609~0.882，说明各题项对其相应因子都有很好的解释力，具体如表 3.11 所示。

表 3.11 验证性因子分析

测量模型	χ^2	df	χ^2/df	RMSEA	CFI	TLI
三因素模型	72.172	32	2.26	0.072	0.964	0.949
双因素模型	252.588	34	7.43	0.163	0.804	0.741
单因素模型	420.572	35	12.02	0.213	0.655	0.556

（五）信度检验

为了评估开放式服务创新三维结构的可靠性与一致性，本书将检验量表内部的一致性信度系数，判断随机误差会对量表的测量结果产生多大影响。经计算，开放式服务创新的三个因子一致性信度系数均大于 0.7，量表整体一致性信度系数为 0.816，表明本问卷具有较高的信度，如表 3.12 所示。

表 3.12　信度分析

	服务逻辑思考	开放式整合途径	服务型商业模式	总量表
信度	0.806	0.889	0.774	0.816
题项数	3	4	3	10

（六）效度检验

构念效度。构念效度亦作逻辑效度，表明量表题项能够反映概念特征与内涵的程度，一般通过收敛效度和判别效度衡量。统计结果表明所有题项的标准因子载荷值均大于 0.5（见图 3.2），三个因子的组合信度（CR）均大于 0.7，平均抽取变异（AVE）均超过 0.5（见表 3.13），说明测量题项的收敛效度较好。

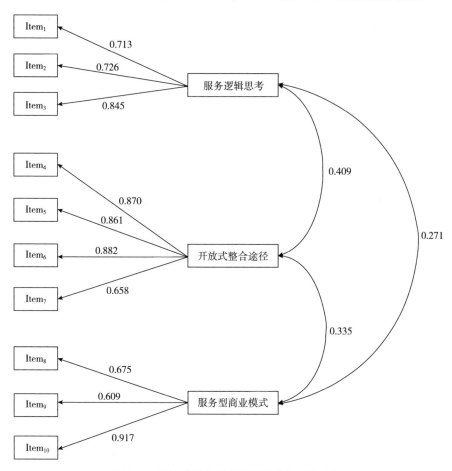

图 3.2　开放式服务创新因子结构标准化路径

与此同时，每两个维度之间的标准化相关系数分别是 $r_1 = 0.409$、$r_2 = 0.335$、$r_3 = 0.271$（见图 3.2），各因子 AVE 的算术平方根值（0.76、0.82、0.75）（见表 3.13），说明问卷判别效度较好。基于上述分析可以证明本书的量表具有较好的构念效度。

表 3.13　收敛效度检验

因子	CR	AVE
服务逻辑思考	0.8066	0.5832
开放式整合途径	0.8923	0.6773
服务型商业模式	0.7843	0.5558

效标关联效度是指量表与效标量表之间的相关关系系数。参照柯江林等（2014）的方法对开放式服务创新的效标关联效度进行检验，有学者提出跨界搜索是预测开放式服务创新的一个变量；动态能力和开放式服务创新显著正相关。本书参照胡保亮等（2018）的研究，采用 Sidhu 开发的 9 题项跨界搜索量表，量表的 Cronbach's α 系数为 0.87。动态能力采用简兆权（2015）提出的 8 题项量表，此量表在本书中的 Cronbach's α 系数为 0.81。开放式服务创新与两个效标变量的相关系数如表 3.14 所示，开放式服务创新的三个维度均与跨界搜索和动态能力显著正相关，表明开放式服务创新量表具有较好的效标关联效度。

表 3.14　效标关联效度检验

	服务逻辑思考	开放式整合途径	服务型商业模式
跨界搜索	0.29**	0.26**	0.31**
动态能力	0.23**	0.21**	0.35**

注：** 表示 $p < 0.01$。

（七）研究结果与分析

本节根据内容分析法提取的开放式服务创新初始题项，经过项目分析，12 个题项均具有较好的区分度，表明可以通过本量表鉴别不同被试的反应程度，根据 Churchill（1979）的研究，对开放式服务创新初始量表垃圾题项进行清除，"我们会与客户在多个方面展开合作""我们有足够的资源和领导力搭建商业平台"两个题项予以删除，净化后的量表经过探索性因子分析最终得到三个因子分析结构和 10 个条目。三个因子分别为"服务逻辑思考""开放式整合途径""服务型商业模式"。

接下来将对探索性因子分析得到的三因子结构模型"服务逻辑思考""开放式整合途径""服务型商业模式"进行验证性因子分析，以保证所得三因素模型的最优；通过检验量表内部的一致性信度系数，发现开放式服务创新的三个因子一致性信度系数均大于 0.7，具有较高的信度。

效度检验，包括收敛效度和构念效度。"服务逻辑思考""开放式整合途径""服务型商业模式"三因子的组合信度（CR）均大于 0.7、平均抽取变异（AVE）均超过 0.5 等，表明问卷具有较好的收敛效度和构念效度。

再检验效标关联效度。根据跨界搜索和动态能力检验开放式服务创新的效标关联效度，开放式服务创新的三个维度均与跨界搜索和动态能力显著正相关，说明开放式服务创新量表具有较好的效标关联效度。

第四章　利益相关者导向对开放式服务创新的影响机制研究

一、问题提出

随着服务重要性的日益提升，加速变化的产业体系对服务创新性提出了更高要求（Myhren et al.，2018）。开放式服务创新打破封闭的创新范式，依托服务要素改变商业价值增长方式，是企业在转型经济环境中维持竞争优势的重要手段。此时，如何通过有效的战略决策帮助企业实现开放式服务创新成为学术界和实践界关注的重点。

正如第二章文献综述中回顾的，现有研究从不同角度探讨了影响企业开放式服务创新的相关因素。一是基于外部环境压力层面，区域法律法规（Chesbrough et al.，2003）、外部创新网络（周键等，2018）、网络嵌入（彭本红和仲钊强，2020）等是驱动开放式服务创新的主要因素；二是基于外部能力层面，其中协同社会技术、跨界搜索模式、跨界搜索能力、治理机制、风险治理能力等管理和获取外部资源的能力可促进开放式服务创新（Di Gangi et al.，2010，刘鹏程等，2016；彭本红等，2017，2020；彭本红和武柏宇，2017；彭本红和仲钊强，2020）；三是合同治理、关系治理、双重社会资本、二元学习等运用外部知识的能力会促进开放式服务创新（彭本红和武柏宇，2016；屠羽和彭本红，2017）；四是企业家特质、战略创新系统等企业内部能力对开放式服务创新具有影响（彭本红等，2020）。

就现有研究来看，一方面，无论是外部环境压力还是外部资源能力，都聚焦于怎样提高企业的绩效，强调如何有效地培育市场竞争力，尚未突破对自身经济利益的追求。与竞争观念相比较，本书的利益相关者导向主张从多元利益相关者的角度看待价值增长的本质及其资源配置与整合过程（温素彬，2010），该共生视角适应复杂多变的商业生态环境，更能符合可持续发展的需要（张颖等，2014），以此对开放式服务创新形成机制的探讨是对商业生态系统理论的延伸与扩展。另一方面，从企业战略的观点出发，利益相关者导向可以使企业有机会识别、发现并更好地发挥利益相关者关系网络所蕴藏的潜在资源（王启亮和傅鸿震，2010）。该思想贴近开放式服务创新的多主体参与创新理念，是对资源配置因素研究的拓展，研究结论对开放式服务创新理论会形成有益补充。

鉴于此，首先，本书基于商业生态系统理论，从共生视角探究利益相关者导向对开放式服务创新的影响机制。其次，根据社会网络理论和动态能力理论，企业加强对利益相关者的关注与互动，更有机会获取关系网的独特与潜在资源，通过对这些便利且异质性资源的开发和利用可为企业识别新机遇、挑战新任务创造条件（Garud & Karne，2003），因此资源拼凑在利益相关者导向与开放式服务创新关系中是否具有中介作用值得探究。并且，企业与利益相关者的多边互动与学习，会促进知识的转移与重构，为开放式服务创新各环节提供知识保障（张培和杨迎，2017）。所以，本书将考察资源拼凑和知识共创是否在利益相关者导向影响企业开放式服务创新的内在机制中发挥作用。最后，基于社会网络理论，具有较强跨组织联结网络水平的企业更有能力识别并应对外界动态因素的变化，这有利于企业更好地践行利益相关者导向战略，及时掌握利益相关者的需求并与之保持积极互动，从而更好地展开资源获取和利用，并促进与不同主体间知识的分享创造。因此，本书将跨组织联结网络作为边界条件进行探究。

总体来看，本书基于商业生态系统理论、社会网络理论和动态能力理论，探讨了三个方面的问题。首先，利益相关者导向战略是否会促进企业的开放式服务创新。其次，资源拼凑和知识共创能够发挥的路径作用（中介机制）。最后，利益相关者导向在不同跨组织联结网络的情境中是否具有不同效果（调节效应）。澄清以上这些问题在理论上可以使我们对企业利益相关者导向的影响效果以及开放式服务创新的形成机制有更清晰的认识。从管理实践来看，将更有助于企业实现开放式服务创新，从而在动荡的商业环境中立于不败之地。

二、理论基础

本节的研究重点是针对问题设计概念模型，结合商业生态系统理论、社会网络理论和动态能力理论为概念模型建构合理的解释逻辑。这些理论不仅为概念模型提供研究视角，同时为解释选择路径和分析框架给予结构与理论支持。

首先，基于商业生态系统理论的研究，解释共生型情境下开放式服务创新及其驱动因素具有怎样的特征，也就是剖析开放式服务创新、利益相关者导向、资源拼凑、知识共创、跨组织联结网络五个概念中蕴含的合作共生理念。其次，基于动态能力理论认为开放式服务创新的形成过程是一种组织的动态演化进程，是对"定位—路径—过程"逻辑的延伸，为分析动态环境下的开放式服务创新成长提供结构支撑。再次，基于社会网络理论的研究，从网络资源管理方面探究利益相关者导向作用下，网络资源获取、整合在推进开放式服务创新中扮演的关键角色，也就是资源拼凑和知识共创在利益相关者导向与开放式服务创新间的路径作用。最后，社会网络理论能够解释企业的网络情境特征如何以边界效应影响企业行为，也就是跨组织联结网络的调节作用。

（一）商业生态系统理论

Moore（1996）基于生物生态学的理论研究，于1993年在《哈佛商业评论》首次提出商业生态系统这一概念（business ecosystems）。他认为客户、供应商、制造商、经销商等，所有独立经济主体相互作用组成的经济联合体就是商业生态系统，这些群体相互配合以提供产品的专业服务或衍生服务。该系统成员因为某种偶然原因而接触，但在此之后是有目的、有意识地自发组织起来建立网络关系，最终的结果是相互合作、彼此完善形成匹配结构，实现系统核心价值主张的商业化（Adner，2017；谭智佳等，2019）。

随后，Moore（1996）通过商业生态系统观点对企业竞争行为进行反思，跳出"把自己看作是单个的主体"的竞争思维定式，主张通过系统内各要素和成员的合作演化为主要机制建立成功的商业生态系统。因为传统竞争战略假设一切都在有规划的控制中，企业成长主要依靠内部与外部合作的竞争力驱动。然而这种逻辑仅在外部效应较小的相对静态、有限的竞争环境下才能发挥作用。当环境不确定性催生的外部效应越来越超过内部效应，企业就必须关注外部效应与其影响机制，通过解决外部环境的信息不对称、多级决策和信任等问题，来构筑新的竞争战略思维对抗逐渐增长的外部效应（Dattée et al.，2018；宁连举等，2020）。

与此同时，更多学者逐渐认识到，现代化的产业体系逐步从"价值链"迈向"价值网"，产业链中价值创造的重心已经不仅是规模的增长，而逐渐跨越边界从核心企业转移到商业生态系统（Kapoor & Agarwal，2017；Cennamo & Santaló，2019；韩炜等，2021），这意味着企业所处的环境发生变化，正在形成相依相生、相互掣肘、互惠互利的共生关系（戴理达，2019）。因此，企业要转变"单打独斗"和"胜者为王"的战略思维，以共同生存成长为准则与利益相关者集体共同努力，对企业的资源配置与价值创造理念进行重新思考，从而培育可以赖以生存的健康生态系统（Wareham et al.，2014；Hannah & Eisenhardt，2018；Rietveld & Eggers，2019）。

不难看出，商业生态系统理论以"共生"为原则，打破了传统战略思维中仅对个体成长的关注，为本书提供了更加符合当前时代背景与商业演化形态的全新分析视角。而且能为本书描述开放式服务创新的生成过程提供理论支撑，具体来说我们将从以下三个方面来理解商业生态系统理论：

第一，商业生态系统理论为本书探索利益相关者导向的影响提供思路。商业生态系统理论尝试从共生的视角来探讨企业的竞争战略，通过积极响应同一核心价值主张，实现各主体协同与系统互动以共同规划发展进程，维护其栖息的商业生态系统（Parida et al.，2019；李志刚等，2020）。这意味着，商业生态系统中的每一个主体都不能独善其身，面向复杂的产业环境，企业在制定任何战略目标时，不应只考虑自身的利益如何增长、自己的问题如何解决，而要正确看待其所处商业环境，理解自己在商业系统中的角色，以及如何栖身于系统中与利益相关者共筑价值共享网络（Kapoor & Lee，2013；Wang Richard & Miller，2020）。

与此同时，利益相关者导向主张从多元角度看待价值本质和生产分配问题，不仅突破了对单一经济利益的追求，更是强调与经济、社会、生态的协同发展。并且，利益相关者导向所包含的多元参与主体结构，符合商业生态系统中描述的由利益关联的组织或群体所构成的动态结构系统。另外，从目标来看，利益相关者导向不再一味追逐个体价值，更加关注利益相关者的整体利益，这与商业生态系统的共生目标是一致的。他们均倡导企业之间要以相互合作彼此互利的方式在成长的过程中共同进化。

第二，商业生态系统理论中所蕴含的资源交换与价值创造理念为本书探讨影响开放式服务创新的内在机理提供全新视角。韩炜和邓渝（2020）的研究表明商业生态系统是一种新的资源编排方式，通过匹配参与者价值主张而进行资源分享与共同价值创造。Adner（2017）则更加明确地指出商业生态系统中经济共同体创造的价值是单个企业无法独立完成的。此时，竞争优势是在一个由上下游参与者组成的生态系统中进行的，这些参与者执行相互依存的活动，并为用户价值主张共同做出贡献（Jacobides et al.，2018）。

可以说商业生态系统理论运用全新的思路来考察商业活动，为企业之间如何搭建竞合机制来适应商业生态系统的需求提供思路。其中，以合作为手段，依靠共同的价值理念，形成多角色主体参与的结构，这些构成了商业生态系统赖以形成的基础条件。这与本书中资源拼凑和知识共创的价值分享及创造理念不谋而合。资源拼凑强调整合手头现有的资源以及社会上闲置资源或免费资源（Baker & Nelson，2005），该种资源获取方式不仅可以避免与其他利益相关主体产生资源竞争的危机，而且能够促进相互之间的资源交换与资源的最大化利用，体现了商业生态系统中所强调的共生合作。知识共创则在相互学习中推动了知识隐性与显性间的转化，使知识共享、知识整合和知识产生都得以有效实现，这一过程贴近商业生态系统中不同参与主体共同创造价值的理念。

与此同时，Garnsey 和 Leong（2008）提出企业所处的直接交易环境也就是商业生态系统，是由各种与企业具有资源交换或价值创造关系的组织构成的。这一研究为打开商业生态系统的内部"黑箱"提供了研究思路，因为商业生态系统不再是领导者主观意志的产物，不是自然涌现和环境选择，而是一种需要综合设计的结果，是现实存在的资源间交互与价值的创造过程（Jacobides et al.，2018；Fuller et al.，2019）。因此，商业生态系统理论为本书探究资源拼凑与知识共创的路径作用提供依据。

第三，商业生态系统理论为探索开放式服务创新的平台生态勾勒理想框架。商业生态系统理论为我们阐释企业如何游走于上下游参与者组成的生态系统，怎样完成相互依存的价值创造活动，为探讨开放式服务创新的生态平台提出理论构想（Kapoor & Furr，2015；Hannah & Eisenhardt，2018；Adner & Feiler，2018）。

开放式服务创新是以服务为逻辑思考一切业务的服务导向原则，提出价值创造发生于不同层级主体相互关联的系统之内（王娜和陈春琴，2016），而且其中开放式资源整合途径既需要将知识引入，也需要将创意商业化，这要求企业有能力在多方参与的网络化体系中完成知识传递与价值创造。

商业生态系统体现的相互依赖的关系结构，能够连接不同位置参与者及其在投入和产出的节点，该理论描绘的良性结构有助于实现不同主体之间的交互并共同创造价值（Jacobides et al.，2018；Ganco et al.，2019），从而更好地解构开放式服务创新所嵌入的结构体系。而且商业生态系统理论强调明确的价值主张（即创造什么价值）与治理及互动结构，为开放式服务创新研究探讨服务主导逻辑的价值主张与开放式结构及其资源整合路径提供理论支持（Adner，2017；李志刚等，2020）。

并且，开放式服务创新不断发展的理想形态是建立服务驱动的商业平台，使各利益相关主体在平台中实现协同发展。各企业不仅要与参与主体分享商业模式和未来规划，而且要纳入更多的第三方服务和辅助产品加入商业模式的设计。这一思想与商业生态系统所关注的，居于核心地位的领导企业应扮演生态系统的管理者角色相互印证（Autio & Thomas，2014；张镒等，2020）。

正如 McIntyre 和 Srinivasan（2017）的研究表明，在商业生态系统中，作为管理和连接供需多边主体的平台企业，它们处于核心的生态位，其兴衰与健康成长都深深影响整个商业生态系统的发展。因为，平台企业有能力制定各种使参与者利益不受损害的措施，保证参与主体的价值主张得到最大的满足，使商业生态系统中的主体互惠共生（Van Alstyne，2016）。并且，商业生态系统理论强调企业维持与发展的关键在于不断地与外部环境进行良性的信息互通和资讯共享，在此过程中，生态系统被设想为一个由相互作用的行为者组成的共同体，而平台企业能够在多边需求中起到纽带作用（Mindruta et al.，2016）。

（二）动态能力理论

最早提出动态能力理论的学者是 Teece 和 Shuen（1997），这一理论在产业结构分析法和资源本位企业观中搭建桥梁，使之获得真正的融合。彼时资源基础观正受到学者们的质疑。Teece 和 Shuen（1997）的动态能力观点表明，企业应该具有根据市场需求及时调整以对资源再积聚、组合、调配、应用的能力，这种能力就是动态能力。换句话说，动态能力是一种资源配置和整合的能力，开发并捕捉市场机会的能力，更是对外界动态环境保持警觉而适时变化的能力。

动态能力理论有效地建立了产业定位和资源组合之间的联系，明确了产业环境与结构对企业行为的影响，与资源基础的核心竞争力的战略观点有机统一。该理论提出对环境缺乏足够的洞察力和适应性，就无法准确获得有价值的且独特的资源，更无法进行资源的合理配置，从而影响对市场机会的有效把握。因此，企业的资源定位与动态环境及市场定位要相辅相成，互为补充和支持。所以，当数字经济和共享经济时代到来，Helfat 和 Raubitschek（2018）提出动态能力体现为在生态系统中扫描环境和传感的能力，以及生态系统编排的整合能力，这种动态能力会有助于企业间创造和获取价值。

回顾 Teece 最早的定义，Teece 和 Shuen（1997）提出动态能力即是企业整合、建立和重构内外部资源以应对不断变化环境的能力，与此同时，他还提出了包含定位（position）、路径（path）和过程（process）的三维度分析框架。现有研究多将动态能力视作多维度能力的组合，偏好从不同维度划分出的某一角度解析动态能力，而较少应用三维分析框架进行探讨。

本书试图从动态能力理论的动态过程分析视角，解读开放式服务创新的形成过程。主要结合罗仲伟（2014）和朱晓红等（2019）的深度研究，依据"定位—路径—过程"三维分析框架解构动态能力，以展现利益相关者导向战略对开放式服务创新产生影响的机制。其中，定位是首要因素，决定一切行动方案。过程一般由组织的定位和路径塑造。因此，认为"定位—路径—过程"三维分析框架具有纵向演进特征。也就是说动态能力本质是由资产定位打造的并通过共演路径实现的组织过程（Teece & Shuen，1997）。

首先，定位是企业持有的资源禀赋，正是由于资源定位差，企业才需要制定不同的战略。并且任何战略的选择都不可避免地闪烁着环境决定论的背影，这意味着要对企业所处的环境及定位进行思考（马浩，2017），从而回归合适的战略选择，且不同定位将决定企业的后续行动。

本书关注的"定位"，是指环境不确定性无限增强，在此条件下外部效应逐渐强化、依存关系日益凸显，因此企业要摆脱孤军奋战与一味求胜的经营思想，转向为与利益相关者集体协同共生的理念。鉴于此，本书提出利益相关者导向战略，分析企业与多元化的利益相关者保持积极有序的关系，如何能够对后续的路径选择与商业化模式创新过程产生影响。

其次，"路径"指企业为配置知识、资源所采取的战略操作与选择。企业需要选择适合的路径以实现资源整合和重构的目的。这一路径的确立体现了企业所拥有的能力（capabilities），表现为合适地采用、整合、构建结构内部组织技能与外部环境资源的能力，使之符合在高度变动环境下的需求。

动态能力理论的路径维度说明，企业在进行战略选择后，需要不断整合、建立和重塑内部与外部能力，且这种能力发挥作用意味着能够应对当前的环境需求与变化，无论是资源充沛还是资源恶劣的条件下（姜忠辉等，2020）。依据上述利益相关者导向战略为"定位"的驱动设想，企业的动态能力应表现为与系统内利益相关者的互动与学习，从而获取资源并共同创造知识的能力。因此，本书将厘清动态能力理论中资源和知识的动态变化特征，全面探讨利益相关者导向对企业开放式服务创新的驱动路径。

最后，关于"过程"的探讨，有学者将动态能力视作知识处理的循环过程（Denford，2013；刘立娜和于渤，2019）。朱晓红等（2019）将过程理解为通过实践和学习以丰富和完善知识资源整合的全流程。过程一般是由组织的定位和路径所塑造的（罗仲伟等，2014）。

本书所关注的"过程"是开放式服务创新作为服务型商业模式所包含的策略目的、资源配置与营运惯例等过程。Teece（2007）提出动态能力不仅能够帮助企业适应现有的商业生态系统，还有助于联系其他主体共同合作塑造新的生态系统。因此，重点分析"过程"在利益相关者导向为"定位"的作用下，如何通过资源知识的动态整合"路径"予以实现。

综上，三维纵向分析框架适用于动态分析和深入挖掘企业的战略决策等问题，为开放式服务创新的形成与利益相关者导向的实施效果提供分析框架，因此，理解定位、路径与过程之间的逻辑关系，能够为探究利益相关者导向与开放式服务创新的内在机理研究提供重要思路和理论支撑。

（三）社会网络理论

社会网络理论起源于 20 世纪 30 年代，成熟于 20 世纪 70 年代，研究对象是行动者之间的"关系"和整体网络的"结构"，随着研究的深入，该理论逐渐超越组织行为学的个体范畴，将企业与经济组织等团体纳入进来，分析企业与企业之间、组织与组织之间等的社会关系。之后，学者们逐渐用企业节点代替个人节点，提出企业间网络的概念（Davern，1997）。

围绕这一概念Hakansson（1987）提出网络能力用于解释企业应对外部环境变化，处理与网络主体间关系的过程及能力。根据社会网络理论，企业间网络是出于共同的目标以联合专业化资源，并共享部分资源的一种组织管理方式（罗仲伟，2000）。这种组织管理方式，能够激发企业所处的网络关系环境的作用，获取信息资源优势（Kwon & Adler，2014），为知识在企业网络组织中扩散和转移提供空间。因此，本书关注社会网络理论中的管理理念，探讨其在解释利益相关者导向影响开放式服务创新过程中的路径作用。具体将从如下三个方面理解社会网络理论：

第一，社会网络理论能够解释利益相关者导向如何发挥作用。Hakansson（1987）的研究表明企业参与网络活动所得到的机会，有助于企业对其所处网络演化的预判以及嵌入程度的把握，帮助企业形成全局性，通常用于组织层面的管理。将社会网络视为一种战略选择，探讨网络环境对主体的前瞻性作用为本研究锁定利益相关者导向战略提供理论依据（Gnyawali et al.，2001）。正如社会网络理论表明，企业处在网络环境中，发展过程离不开对网络战略的思考，包括如何把握网络变革的动向，预测网络结构与范围变化的趋势，进而有效识别网络中的潜在资源和机会等。

一方面，社会网络理论中蕴含的网络战略观点能够帮助企业跳出合作单一组织可能带来的负面影响，发现加入新的网络组织的机会（Gulati，2000），这对利益相关者导向战略关注多元化主体的需求并积极与之维持有序关系提供依据。另一方面，围绕社会网络关系及如何建立的理论内容，能帮助企业认识到怎样践行利益相关者导向战略，即要准确识别社会网络中的利益相关者，努力挖掘并分析利益相关者的资源、能力与优劣势。认识到企业如何满足利益相关者的合理需求与权益。更要明确企业与利益相关者之间的最有效的联系方式，说明为建立关系要与特定利益相关者投入何种资源和多少资源等问题。

第二，社会网络理论能够解释资源拼凑和知识共创的中介作用。社会网络理论分析了企业要明确在网络中的角色、地位与任务，与潜在合作伙伴建立起资源与知识交流合作关系的过程（徐金发等，2001）。Loeser（1999）认为企业能够通过自身发展需要来选择、发起、调整网络关系，而这种关系决定了企业间资源和知识流动的方向和效率。因此，在利益相关者导向的作用下，企业与相关主体共筑价值网络的过程会直接影响企业资源获取与开发行为。一方面，资源拼凑体现了企业积极开发网络主体潜在资源、闲置资源与廉价资源的能力；另一方面，知识共创体现了企业与网络主体进行知识交流与创造以获得新知识的能力。通过企业与网络主体的资源和知识互动，不仅是对管理流程和管理体系的优化，更是形成并获得企业创新的资源基础与知识源泉。

第三，Burt（1992）的社会网络观点提出，网络能力越强的企业在网络中的位置中心程度越高，这会促进企业资源获取与控制的程度。徐金发等（2001）的研究表明，企业对外部网络关系进行战略识别与规划，本质上是对网络组织中机会的开发、资源的获取和动态能力的提升。更是会影响异质性资源的控制、与外部环境的联系能力、创新和创业绩效等方面的问题。结合这一观点，本书引入跨组织联结网络考察其权变影响，认为跨网络结构会在利益相关者导向和资源拼凑与知识共创之间起到调解作用，如果跨网络结构的中心性、互动程度和契合程度高，那么利益相关者导向战略的作用效果强烈。因此，本书将考察跨组织联结网络要素在利益相关者导向和资源拼凑、利益相关者导向和知识共创之间的调节作用，以期回应学者们的呼吁，更深刻地揭示利益相关者导向与资源拼凑和知识共创之间产生影响的边界条件。

鉴于此，本书基于社会网络理论的关系层研究能清楚地了解企业如何管理网络关系，揭示在利益相关者导向战略下，影响企业进行网络资源管理和价值创造的机制。因此，本书结合社会网络理论的观点，提出资源拼凑和知识共创的链式驱动路径。这不仅是对社会网络理论研究的扩展，也是对利益相关者理论在网络关系管理方面的补充。

（四）基础理论的支撑作用分析

1. 商业生态系统理论为解构各变量的研究意义起支撑作用

商业生态系统理论跳出"把自己看作是单个的主体"的竞争思维定式，主张通过系统内各要素和成员的合作演化为主要机制建立成功的商业生态系统。作为一种共同生存与创造价值的逻辑，能为解构各变量的研究意义起支撑作用。

首先，商业生态系统理论支撑着利益相关者导向战略。无论是结构学派、资源学派或是能力学派，尽管对竞争优势的来源认识有所不同，但均强调对抗竞争。而商业生态系统理论的生态战略观表明，制定企业战略的竞争空间正逐渐扩展，企业要协同建立共生关系以谋得长远发展，不可只聚焦于单独的个体发展。显然，利益相关者导向使企业更加关注与其利益休戚相关的利益相关者的需求，并愿意分配资源满足他们的价值主张，寻求相互合作彼此互利，谋求在整体商业环境中共同进化。这体现了利益相关者导向战略已跳出强弱、对抗的框架，转向合作竞争乃至生态竞争的方向。此时，在利益相关者导向作用下，核心企业通过设计战略目标、吸引生态合作伙伴、整合生态资源，在动态时间维度上推动开放式服务创新的生态系统持续演进。

其次，在利益相关者导向的作用下，本书探究了资源拼凑和知识共创的中介作用。生态系统理论将不同的资源或能力联结成共同体，通过互利把企业外部秉持共同使命又拥有独立经济利益的主体，整合成一个为共同目标践行价值创造的体系。同样，资源拼凑除强调对手边资源的开发外，还关注外部环境中未被开采的资源，这就要求资源在合作主体间有效地流动并合理配置，从而实现创造性重组发挥新的价值。而知识共创更强调多个参与主体协同创造的过程，在互动中实现从隐性知识向显性知识转化，并共同创造新的知识。可见，资源拼凑和知识共创都反映了生态系统理论的共同演化本质，蕴含了共生界面的能量、信息以及物质交换的深刻关系与结构。而信息与知识作为商业生态系统的关键"流"，能够加强利益相关者作用于开放式服务创新的内部协同耦合，驱动开放式服务创新生态系统的快速发展和迭代。

最后，商业生态系统理论能够支撑开放式服务创新的研究，为我们阐释在开放式服务创新过程中，利益相关者所形成的组织生态及商业生态会产生什么变化，他们如何完成相互依存的价值创造活动并构建能够协同共生的生态平台，且通过强化平台商业模式可以打破利益相关者间的生态边界，促进资源与知识的传递和共创，深刻解析开放式服务创新形成的原因。综上所述，商业生态系统理论为利益相关者导向战略研究提供依据，并体现于资源拼凑、知识共创和开放式服务创新的理念中，是我们探讨利益相关者导向对开放式服务创新影响机理的重要理论工具，很好地从共生视角描述和解构利益相关者导向、资源拼凑、知识共创和开放式服务创新概念。

2. 开放式服务创新成长过程等同于动态能力的演进过程

开放式服务创新本身就可以等同于动态能力的演进过程。动态能力的本质是一种环境适应机制，是企业通过扫描环境发现机会，并据此整合、重构内外资源以强化运营水平的能力，能够帮助企业跳出惯性陷阱、打破制度与技术路径依赖，从而及时应对动态复杂的环境。动态能力不仅能够帮助企业适应环境变化，也有助于企业识别机会、搜索并获取异质性资源，重新塑造商业模式应对环境需求。动态能力的演进过程包含定位（position）、路径（path）、过程（process）三个方面（Teece & Shuen，1997），其纵向演进机制能够支持开放式服务创新的形成研究。

本书构建的"利益相关者导向—资源拼凑—知识共创—开放式服务创新"概念模型是过程视角下动态能力演进逻辑的延伸。概念模型涵盖了开放式服务创新过程的三个关键环节。

其中，利益相关者导向明确了商业生态环境下企业如何建立与利益相关者的积极关系，是对企业所处环境定位的准确思考；资源拼凑和知识共创作为企业对资源的管理与配置手段，反映了企业利益相关者导向战略驱动下的路径选择；开放式服务创新作为一种服务型商业模式包含对业务的服务逻辑思考、资源开放式整合途径以及服务型商业平台的搭建，体现了通过计划完成资源配置以创造价值的全过程。可以说，动态能力理论整合了资源基础观与核心能力的基本观点，将组织的动态演化、环境适应性等因素连接起来，对利益相关者导向对开放式服务创新影响过程的基本分析框架提供理论支撑。

3. 社会网络理论为解释资源拼凑与知识共创的链式中介效应起支撑作用

社会网络理论用于解释企业如何应对外部环境变化，处理与网络主体间关系的过程，能够对概念模型中资源拼凑与知识共创的链式中介效应及解释逻辑给出具体阐述。其中，社会网络结构主义学派用行动者和关系来描述网络，认为物质、能量和信息可以在行动者之间产生流动，而网络就像一种管道，为资源和信息的流动提供渠道。

本书中以资源拼凑和知识共创为中介的驱动过程，本质上是企业对网络资源的管理与配置，体现了对社会网络中流动信息的获取和资源的整合。并且社会网络理论的主要观点表明网络规模大、密度高、多样性强的网络能够为企业带来更多且更有价值的信息，形成资源优势。这一观点能够支持本研究提出的维护利益相关者关系从而获取、利用资源来创造价值的全过程。因为，企业践行利益相关者导向战略，就要关注更多的利益相关者并保持积极有序的关系，这本质上是企业与多元化网络主体的互动过程，能为企业带来更有价值的社会网络资源，从而推进了企业的资源拼凑与知识创造活动。

此外，社会网络理论中网络合作观点认为，企业积极地建立合作机制，搭建跨越组织边界的网络，能够使技术和市场的信息在成员组织间便捷传播。此时的网络环境为组织成员提供了一个资源流动的平台，使企业有可能通过跨组织的合作获得战略性资源要素。这本质上能够解释开放式服务创新在利益相关者导向作用下的影响过程，并支持网络资源管理（资源拼凑、知识共创）与开放式服务创新之间的交互作用。即通过建立与利益相关者的网络，促进资源信息的流动，使资源管理与配置在开放途径中得到有效运作，从而搭建服务型商业平台满足不同主体的价值主张。综上，社会网络理论为变量之间的解释逻辑起到支撑作用。

（五）模型构建及其理论逻辑

1. 研究模型的构建

综合上述分析，本书将基于社会网络理论的内容，以商业生态系统理论为视角，依据动态能力理论的分析思路进行理论梳理。具体来说，根据动态能力理论的"定位—路径—过程"分析框架，结合社会网络资源的获取和知识整合两条路径构建研究模型。从而全面审视利益相关者导向作用于开放式服务创新的过程，深刻揭示资源拼凑和知识共创在这一过程中的传导机制，并从社会环境因素考察企业立足利益相关者导向的"定位"与其资源、知识的整合"路径"之间的边界条件，也就是跨组织联结网络对利益相关者导向与资源拼凑关系、利益相关者导向与知识共创关系的调节作用。

更进一步地说，本书不仅关注于利益相关者导向对开放式服务创新的直接影响，还以资源拼凑为路径考察社会网络资源获取的作用过程，即研究资源拼凑在利益相关者导向与开放式服务创新间的中介作用，并考察跨组织联结网络在利益相关者导向与资源拼凑之间的调节作用。与此同时，还以知识共创为路径考察社会网络资源整合的作用过程，即考察知识共创在利益相关者导向与开放式服务创新之间的中介作用，和跨组织联结网络在利益相关者导向与开放式服务创新之间的调节作用，此外，还考察网络资源获取、网络资源整合路径中利益相关者导向—资源拼凑—知识共创—开放式服务创新的连续中介过程。同时，考虑到社会网络环境影响下不同企业所处中心地位和互动频率不同，本书选取社会环境因素中的跨组织联结网络为变量，考察其在企业利益相关者导向与资源拼凑、知识共创间的权变影响。本书构建的理论模型如图4.1所示。

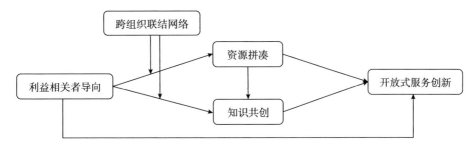

图4.1　理论模型

2. 研究模型的理论逻辑

为了全面了解利益相关者导向对开放式服务创新的影响机理，本书以商业生态系统为视角，关注利益相关者导向对开放式服务创新的直接影响，还将结合社会网络理论、沿着动态能力理论的分析框架，考察社会网络环境下，企业以利益相关者导向为定位，以资源拼凑和知识共创为获取和整合社会网络资源的路径，对开放式服务创新成长过程的影响，同时还会探究社会环境因素（跨组织联结网络）在上述"定位—路径—过程"关系间的边界影响。基于此，本书构建了研究模型，以下将分别阐述本书模型的理论逻辑：

（1）利益相关者导向对开放式服务创新的直接影响。

在前一部分，本书基于开放式服务创新的特点论述了利益相关者导向对开放式服务创新的直接影响，总结了以往学者有关该理念的研究，一方面，利益相关者导向作用下，企业能够关注利益相关者需求并分配资源给予满足实现他们的价值主张（Bridoux & Stoelhorst，2014）。此战略会推动企业打破组织边界寻求更多合作，并以服务升级和供给为动力不断创造价值，从而影响开放式服务创新（Lusch & Nambisan，2015）。另一方面，利益相关者导向促使企业重视与利益相关者的关系维护，在与不同利益相关者的交流与学习中，既能从外部吸收并更新现有知识，也能向外部推出或商业化创意（赵武等，2016），从而使资源在流入和输出中不断创造新的价值，进而影响开放式服务创新的持续发展（辛本禄和王今，2019）。因此，本书提出利益相关者导向会影响开放式服务创新，本书构建的理论模型会解释这一关系的作用过程。

（2）利益相关者导向对开放式服务创新的间接作用。

本书以商业生态系统为视角，沿着动态能力的分析框架，并结合社会网络理论，分别从网络资源获取和网络资源整合两个路径构建了理论模型，关注于利益相关者导向作用于开放式服务创新的间接过程。

首先，网络资源获取路径下利益相关者导向能够正向影响开放式服务创新。本书从社会网络资源的获取揭示利益相关者导向与开放式服务创新之间的关系。根据社会网络理论，认为当利益相关者导向作为企业主要的战略定位能够促进企业对网络资源的有效控制与深入挖掘，使企业方便展开资源拼凑活动并获得重要的创新资源，从而推动开放式服务创新。与此同时，环境因素（跨组织联结网络）会影响企业的资源获取能力，即调节利益相关者导向对开放式服务创新的影响，在这一驱动过程中起到权变作用。

其次，网络资源整合路径下利益相关者导向能够正向影响开放式服务创新。除以上的资源获取路径外，本书还将探讨利益相关者导向与开放式服务创新之间的其他路径机制。社会网络理论认为管理社会资源包括获取和整合两个途径。就本模型来说，一方面，企业与利益相关者保持积极有序的关系，会方便对利益相关者的资源进行获取以创造性开发得到新的创新资源，为开放式服务创新奠定资源基础；另一方面，企业为满足利益相关者需求要不断关注并积极展开合作，从而促进企业与利益相关者间的资源整合及知识创新，进而通过知识共创推动开放式服务创新的持续成长。以上两种情形是社会网络理论中资源获取和整合的途径，本书分别予以考察。同时，在社会网络资源获取和整合的路径下，本模型也同样考察作为社会网络情境的跨组织联结网络的权变影响。也就是研究跨组织联结网络对利益相关者导向与资源拼凑、利益相关者导向与知识共创之间的调节作用。

三、研究假设

（一）利益相关者导向与开放式服务创新

根据前文的文献梳理可以发现，开放式服务创新主要受到两个方面的影响：一方面是企业能够快速应对环境变化，识别并获取市场机会和多元化资源的能力；另一方面是企业能够整合资源并创造价值的能力（Almirall，2010；Gianiodis et al.，2014；Chesbrough，2016）。利益相关者导向体现了企业对利益相关者需求的及时洞察，并因此管理、分配资源实现利益相关者的合理价值主张（Ackermann & Eden，2011；Crilly，2010），可见在利益相关者导向的内涵论述中有关开放式服务创新的影响存在两方面条件，根据这一观点笔者将从外部资源获取方面推导利益相关者导向对开放式服务创新的影响。同时结合风险分担与激励效果作进一步论证。

结构主义社会网络理论提出行动者及其关系可以组成网络。根据利益相关者的内涵特征，以企业为核心与其相关的所有利益相关者视为节点，通过互动关系共同构成了企业所处的外部网络环境（Freeman，2002；盛亚和蒋旭弘，2020）。在这个网络环境中，企业处于利益相关者网络的中心，这些利益相关者能够受到企业的影响并能够对企业的发展发挥作用（Freeman，2010；赵天骄等，2019）。通过汲取并与网络成员交换资源，企业可以利用不同的边界资源扩充异质性和多样化资源（Hein et al.，2019），且企业直接拥有的网络成员数量越多，交往越深入，互动的频率越多，那么其获取的资源数量和质量水平越高（Barnes et al.，2017）。

从开放式服务创新的本质来考虑，企业无论是对业务进行服务化思考，还是构建服务型商业平台，其实质上都建立在具有价值性、异质性、稀缺性等资源的基础上。因为开放式服务创新的过程往往伴随顾客、供应商和渠道商等多方利益相关者的共同参与（王坤和骆温平，2016），以弥补个体创新资源的不足。王欣和徐明（2017）的研究提到，总是具备接触客户并靠拢目标客户的需求和期望，能显著提高企业的服务创新绩效。

同时，开放式服务创新的重要维度之一，服务型商业平台的构建更是需要多元化资源和知识的支持。因此，当企业的利益相关者导向水平越高，越能兼顾更多利益相关者需求并维持有序的互动（李慧和唐晓莹，2017；Harrison et al.，2019），所以由利益相关者组成的网络规模越大，企业所能接触的资源更加丰富、多样化（盛亚和蒋旭弘，2020）。从而为开放式服务创新的资源获取搭建便捷且高效的桥梁（Hurmelinna-Laukkanen & Ritala，2010；马柯航，2015）。李天柱等（2016）则通过案例研究更具体地探讨了作为企业利益相关者之一的政府主体，如何能够给企业带来重要的组织创新资源。

除利益相关者组成的外部网络环境能为企业开放式服务创新带来丰富的资源外，企业是否能够对外界保持敏锐洞察力并适时作出调整的动态能力也会影响开放式服务创新（Almirall，2010；Gianiodis et al.，2014；Chesbrough，2016）。企业践行利益相关者导向战略则会选择分配更多精力关注一个或多个利益相关者需求，并根据他们的价值主张主动采取行动予以满足（Maignan & Ferrell，2004；Ferrell et al.，2010）。企业或通过直接交流互动、或进行公共行为观察，有利于企业对外部环境保持敏锐的洞察力，因此总能察觉微小的变化，包括新技术的出现，新的市场需求等（Dorobantu et al.，2017），这种不断适应环境调整的动态能力会影响开放式服务创新的成长（彭本红和武柏宇，2017）。

同时，企业为满足利益相关者需求要与不同顾客、竞争者、合作伙伴等利益相关者互动，这一过程不仅能够积累相关经验和技能（Lavie，2006），还会强化创新过程进而增强企业创新的产量和质量（Flammer & Kacperczyk，2016）。此种对跨界经验、技能的有效转化，会对开放式服务创新产生积极影响（彭本红和武柏宇，2017）。

此外，企业进行开放式服务创新的本质是商业模式的创新，这是一个多主体参与的过程（张培和杨迎，2017），也势必会承担一定的风险。利益相关者导向战略有利于增强企业与利益相关者的合作关系与相互信任，降低机会主义和环境不确定风险所引发的创新风险（宋华等，2014），为进行开放式服务创新提供有力保障。并且企业积极与其他利益相关者保持良好的合作会形成较高的声誉，由此产生的信任、互惠规范，既会促进企业间的合作和知识共享，还会增加企业间的知识转移（Harrison & Bosse，2010；吴芳和张岩，2021），增进开放式服务创新过程中与多主体的互动质量与深度合作，推动开放式服务创新的有序进行。

综合来看，利益相关者导向战略能够使企业获取更丰富、多样的创新资源，并在关注利益相关者需求及与之互动交流中，保持对外部机会的敏锐洞察，进一步加深与利益相关者彼此合作和信任程度，从而能够影响企业开放式服务创新的水平。即利益相关者导向水平越高，企业更易具备稳定的资源基础和较强的动态能力，对开放式服务创新产生显著影响。

基于此，本书提出以下假设：

H1：利益相关者导向对开放式服务创新有显著正向影响。

（二）资源拼凑的中介作用

1. 利益相关者导向与资源拼凑

企业践行利益相关者导向会增强与利益相关者的有序互动而形成相对稳定的网络关系体系（Freeman，2002）。这个网络由政府、供应商、大学、科研机构、竞争对手、行业协会、中介服务机构及金融机构等多元节点构成（李慧和唐晓莹，2017）。企业关注并予以满足的利益相关者需求越复杂，需要付出的精力越多，越有利于推动与利益相关者积极的交流和互动，带来信任、声誉增强双方的依存关系（宋华等，2014）。而资源拼凑体现了企业对手边资源和外部易获资源的识别和开发，能使潜在资源发挥出更大价值（Baker & Nelson，2005）。从这一特点不难发现，利益相关者导向带来的良性互动与依存关系既能为资源拼凑获取手边潜在资源提供有效途径，同时满足利益相关者需求的导向也可以为企业探索潜在资源更大价值提供动力。因此，本节会从资源拼凑来源的广度、深度以及资源拼凑的动力方面，探讨利益相关者导向对资源拼凑的影响。

企业采取利益相关者导向战略，会更乐于关注并与不同的利益相关主体往来，这些行动者和互动关系组成了合作网络，在网络中不同主体拥有各自的技术、资金和知识等异质性资源（Rowley，1997；盛亚和蒋旭弘，2020）。企业所嵌入的利益相关者组成的社会网络节点越多，能够获取和调用的资源范围更广（靳小翠，2019）。这些资源库里资源的数量、品类和属性等特征会直接影响企业的拼凑行为（黄艳等，2017）。因为，企业资源拼凑不仅要重视手边的、廉价的资源，更强调要另辟蹊径寻找外部被忽视的资源（Guo et al.，2018）。企业的利益相关者就是为企业提供这些资源的最佳对象。Ahuja（2000）的研究表明，外部网络中合作主体较多的企业获得异质性资源的概率也较高。企业拥有的资源范围越广泛，越可能创造出更多新的资源组合，从而提高资源拼凑水平（黄艳等，2017）。

与此同时，关注利益相关者需求并与利益相关者发展、维持伙伴关系，是践行利益相关者导向的主要方式（Selsky & Parker，2005），这种紧密关系可以带来深度的互动和信任，进而增强双方资源交换和分享的意愿，扩展资源交换的深度（奚雷等，2017），从而更有利于企业从利益相关者处取得潜在资源。Baker（2007）对美国玩具商店的案例研究，生动的诠释了企业通过合作网络获得资源的便易性和低成本属性，如通过借助个体关系网络争取到低租金店铺，通过聘用熟人获得员工，通过朋友拓展企业的目标顾客等。他认为现存和潜在的关系网络都是企业资源拼凑的重要渠道（Baker，2007）。基于上述分析本书认为，在利益相关者导向作用下，企业合作主体会多样化且关系愈发紧密，使企业获得的潜在资源的范围更广，渠道更便捷，且其中获取廉价的资源机会更多，这会为企业尝试各种资源拼凑提供可能，从而影响企业资源拼凑行为。

此外，利益相关者导向较强的企业愿意分配更多的资源满足利益相关者的合理价值主张（Duesing & White，2013），当资源需求不断加强，企业有限资源可能会给企业造成压力和紧张（Freeman et al.，2004）。资源拼凑根据需求对手边的和易获得的资源进行创造性重组，能够实现资源的"巧创"，带来意想不到的价值（Baker & Nelson，2005；黄艳等，2017，2020），这会有效缓解较多供给利益相关者而可能导致的资源紧张。因此，践行利益相关者导向的企业，尽管会为了满足他者需求而产生一定资源压力，但资源紧张也会促使企业采用拼凑行动，尝试各种方法、组合，突破资源的使用限制（Senyard et al.，2014），形成最大化利用资源的拼凑方案。

2. 资源拼凑与开放式服务创新

首先，资源拼凑的本质是对市场环境灵活应变并对可用资源保持警觉的动态能力（Bakert & Nelson，2005；李非和祝振铎，2014），这种利用和重新组合企业资源并更新惯例的动态能力是实现企业创新的关键因素（Kumar & Zaheer，2019）。且资源拼凑的活动近似于组织的"实践思考"，需要随机应变、拥有最大化的自由空间和最少的规则约束（Kickul et al.，2018）。践行资源拼凑能逐渐培育企业运用多领域知识进行资源管理和组合的能力（吴亮等，2016；An et al.，2017），这也是促进企业开放式服务创新不断提高的重要能力（陈志明，2018）。

其次，资源拼凑是对企业资源的一种具体的试错学习活动，目的是利用有限的资源解决现有问题（Baker & Nelson，2005；An et al.，2018）。因为企业创新过程中可能会面临资源紧张，难以实现所有计划完成的创新任务（William & Bicen，2013），而资源拼凑通过应对外部环境变化，创造性地整合手边和潜在资源实则是激发了资源的更大价值（Fulsang & Srensen，2010），从而突破资源约束提高企业的创新性（Senyard et al.，2014）。这一观点亦得到了大量实证研究的证明，即资源拼凑能够有效地催化创新（Kickul et al.，2010；Gundry et al.，2011）。同时，企业运用资源拼凑的理念，会促进资源层的利用式学习和创意层的探索式学习，提高企业的创新成功率，且不同的双元模式组合会带来不同的创新效果（张建琦等，2015；何一清等，2015）。因此，企业的资源拼凑水平能够帮助企业应对开放式服务创新过程中的不确定性，突破风险牵制并提高创新质量。

最后，开放式服务创新本质上是一种依托服务要素改变商业价值增长方式的商业模式创新，即通过建立业务的服务逻辑，结合开放式资源整合方式，实现服务型商业平台的搭建（Chesbrough，2013）。该商业模式诠释了企业如何开展业务活动、改变运作流程，适应商业生态系统的发展。资源拼凑强调对资源开发、整合过程的创新，往往在企业的运营管理和商业模式方面产生较大的影响（Fulsang，2010）。采纳拼凑策略，企业更易抓住转瞬即逝的商业机会，开展兼具选择性与颠覆性的资源创新活动，为商业模式创新提供重要的资源保障（周飞等，2019）。同时资源拼凑是企业通过试错进行学习的过程，帮助组织摆脱惯性陷阱（Halme et al.，2012），对商业模式创新起到直接作用（Guo et al.，2016；孙锐和周飞，2017）。因此，本书认为资源拼凑会有助于企业突破制度惯例，创新资源管理方式，创新商业模式，从而推动企业开放式服务创新的持续成长。

综上所述，企业采用了利益相关者导向战略却可能不会直接影响开放式服务创新的提升，还需要企业对资源进行识别、组合、重新定义和创造性整合，即资源拼凑活动会在企业利益相关者导向与开放式服务创新之间起重要的路径作用。基于此，本研究搭建了利益相关者导向影响开放式服务创新的整合模型，深入研究利益相关者导向对开放式服务创新的具体作用方式，提出资源拼凑是利益相关者导向与开放式服务创新关系间的重要中介变量之一。

基于此，本书提出以下假设：

H2：资源拼凑对利益相关者导向与开放式服务创新之间的关系具有中介作用。

（三）知识共创的中介作用

1. 利益相关者导向与知识共创

知识共创是一个互相学习、创新知识的过程，因为知识通常分布在多个利益相关者之间，合理流动和有效互换是价值创造的关键，具体包含两个关键方面：一是多元化主体的共同参与，强调合作的重要性（Bridoux & Stoelhorst，2016）；二是隐性知识向显性知识转化从而产生新知识的过程（张培和杨迎，2017）。利益相关者导向以关注和满足利益相关者的实际需求为吸收知识的良机，愿意与利益相关者进行持续互动与交流（齐宝鑫和武亚军，2018）。有研究表明，利益相关者导向作用下，企业为确保战略决策以及竞争优势的持续成长，会积极整合来自利益相关者的知识资源（Bottenberg et al.，2016）。因此，从利益相关者导向的内涵特征来看，关于推进知识共创的两方面条件均有论述。

首先，在践行利益相关者导向战略的过程中，企业以实现经济、社会和生态利益的协同为目的，会与利益相关者保持积极有序的互动，这种互动结构近似于以企业为核心的社会网络系统，为实现知识共创搭建了合作互动的平台（张培和杨迎，2017）。胡海波等（2020）提出，参与主体间有序互动越频繁，合作水平越高，会促进企业价值共创。Dyer 和 Hatch（2006）的研究则直接表明，精心维护并管理利益相关者之间的关系网络能够促进知识共享和创新。因为，一方面，企业通过与利益相关者的有序互动，获取关于市场需求、竞争对手、产品使用经验等异质性信息（Tang & Tang，2012；Olsen et al.，2016）。这些信息经过整合分析能够成为共创的知识基础；另一方面，在权衡风险利弊过程中，参与者会因为利益相关者导向而感受到所在网络的价值，进而愿意提升共创行为（Čai c et al.，2018）。

同时，与非政府组织或其他跨部门利益相关者成功合作的能力也是一种动态能力（Dahan et al.，2010；Dentoni et al.，2016）。这种能力并不存在于个人参与者或组织本身，而是取决于他们与系统中其他参与者的一系列联系与合作方式，这会促进社会学习和知识的共同创造（Armitage et al.，2011）。

其次，知识论表明知识本身具有隐性或显性的特征，隐性知识不易为他人获取和学习，而显性知识则容易在不同群体之间进行传递（丁秀好和武素明，2020）。企业和利益相关者之间的互动与交流，有助于建立起相互信任的关系，这不仅可以促进不同群体间隐性知识的分享与转化，而且能够增强共创的意愿（左文明等，2020）。而知识共创的过程需要各主体建立起相互信任的强关系，从而推动互助以协同创造价值（McFadyen & Albert，2004；白景坤等，2020）。这意味着，利益相关者导向战略有利于增进利益相关者之间的互动与信任，促进群体间知识的分享与转化，进而使不同主体间经验再组合以增强知识共创的效果。

2. 知识共创与开放式服务创新

首先，多学科知识在创新过程中联合应用，是推动企业创新的关键因素（Stuffer et al.，2010）。而知识共创活动承载着不同领域、思维、专业的成员进行思想上的碰撞，彼此在互动中实现了异质性知识的耦合（蒋楠等，2016），从而汇聚各方力量形成新的创新动力（Arikan，2009）。

并且在知识共创的过程中，企业能够运用多领域知识来协调内外部关系，并在新知识的重组中增强创新潜力（Jandhyala & Phene，2015；Clement et al.，2018）。由于知识共创的执行过程是一种围绕特定创新任务而进行的持续交流与协作，需要企业统一信息共享、关系维护和任务互动等活动（范钧和聂津君，2016；Ben-Menahem et al.，2016），这种协调能力会对开放式服务创新产生正向影响（彭本红和仲钊强，2021）。

其次，开放式服务创新的重要体现是对服务业务逻辑进行重新思考。由于知识共创本身就是整合多边资源，协同创造的过程，有利于生成新知识并推动服务主导的创新活动（Acharya et al.，2018）。一方面，程东全等（2011）认为知识共创的结果是产生新的知识。而新知识是企业之间竞争的核心要素，是能够为客户提供优质服务的基础（Bort，2013；范钧和聂津君，2016），也是用于解决新问题的关键（Zahra & George，2002）。另一方面，Akasaka 等（2012）认为企业给客户提供的各种服务来源于不同主体创意的集合，是知识不断整合的结果，新知识增加有利于服务供给的设计和传递。所以，知识共创能够为开放式服务创新过程中的服务要素思考提供基本的知识保障，因此共创生成的新知识越丰富越有助于促进开放式服务创新水平的提升。

再次，开放式服务创新包括开放式创新为手段的资源输入与输出过程。现有研究表明，知识流（Cassiman & Valentini，2016）、知识共享（Ritala et al.，2015；Vrande et al.，2009）和知识整合（Lakemond et al.，2016；Van Burg et al.，2014）等内容均是影响开放式创新的重要因素。因为，开放式创新活动需要与外部的知识来源主体建立关系，这种关系促进了新形式的联想及创新（Bogers et al.，2017）。Cheng 和 Shiu（2019）的研究亦证明，开放式创新的前提是获得知识，以及管理知识的过程。通过分配知识流入和流出的管理过程，能够加快创新，推动开放式服务创新的发展（Cassiman & Valentini，2016；Li-Ying et al. ，2016）。

最后，开放式服务创新包括构建服务型商业模式的过程。Chirumalla（2013）指出，企业知识共创行为，是构建属于自己的内外部知识网络形成区别于其他竞争者的知识优势。这种知识的共享模式，能够使新知识纳入到各参与主体子系统动态发展的循环过程（张培和杨迎，2017），这将有利于企业形成服务型商业模式。

鉴于此，企业践行利益相关者导向能够将具有共同利益诉求的企业、顾客以及其他利益相关者纳入有效的互动网络中，从而实现多个参与主体的多层次互动，并展开知识共享、知识整合以及知识产生等活动，为开放式服务创新提供重要的知识来源。

综上所述，企业采用了利益相关者导向战略却可能不会直接影响开放式服务创新的提升，还需要企业与顾客、供应商等参与主体协同互动，实现知识的转化与共创。即知识共创活动会在利益相关者导向与开放式服务创新之间起重要的路径作用。基于此，本书搭建了利益相关者导向对开放式服务创新的影响模型，深入研究利益相关者导向对开放式服务创新的具体作用路径，提出知识共创是利益相关者导向与开放式服务创新关系间的另一个重要中介变量。

基于此，本书提出以下假设：

H3：知识共创在利益相关者导向与开放式服务创新中起中介作用。

（四）资源拼凑和知识共创的链式中介作用

资源拼凑体现了企业对内部和外部的手边潜在资源进行获取和开发的能力（Witell et al. ，2017）。知识共创是企业与合作伙伴、供应商、顾客等主体相互协作以共同创造知识的过程（Kohlbacher，2008）。本书认为资源拼凑能够直接影响知识共创。现有研究表明，当企业感受到资源有限时，就会在发展中尽力争取外部的资源支持，增加与利益相关者合作的机会（刘小元等，2019）。这意味着企业的资源观念和企业与其他主体的共创行为密切相关，因此当资源拼凑促使企业有意识地对资源现状产生批判时（黄艳等，2017，2020），会为企业寻找共创机会和产生共创行为提供动机。与此同时，Singaraju 等（2016）的研究也表明参与主体的资源整合水平会影响共同价值创造。而资源拼凑是企业利用手边潜在资源，不仅要积累、分类和利用，更要寻求创造性重组，这本质上是一种管理与整合资源的战略（秦剑，2012），所以会影响企业与利益相关主体依靠资源实现价值共创的水平。

Guo 和 Zhang（2016）的研究也证明了资源拼凑会直接影响企业整合知识的广度和深度。因为在知识共创的过程中，企业将不同领域、学科、专业的成员聚集在一起，彼此在互动中实现了异质性知识的耦合进而形成新的知识（蒋楠等，2016），所以这就要求参与主体具备探索、挖掘和开发多元化参与主体资源的能力。研究表明，对不同参与主体的异质性资源整合是知识共创的重要驱动因素之一（张培和杨迎，2017）。因此，资源拼凑活动通过持续扫描外部环境，在寻求低成本技术和资源的同时，也不断开拓跨界渠道使更多主体参与到互动协作中（周飞等，2018），这不仅使企业获得与不同主体知识共创的机会，更是为知识共创提供丰富的资源来源。综上来看，企业资源拼凑能力较强有助于实现与其他参与主体的知识共创。

综上所述，利益相关者导向战略能够促使企业将管理重心从企业内部拓展到供应链甚至是整个利益相关者网络（许彩明，2009），使企业在与多主体的良性互动中笼络并创造具有价值性、异质性、稀缺性和不可获取性的资源（Jones et al.，2018）。资源拼凑促使企业重组零碎及闲置的资源，创造性地对现有资源进行拼接，从而使企业能在复杂多变的环境中迅速实现"无中生有"，并为多元主体合作创造情境（Baker & Nelson，2005；李海东等，2021），以另辟蹊径的方式获得企业与其他参与主体整合与共创知识的资源和机会。而知识共创是企业服务创新的重要因素（张培和杨迎，2019），为企业改进现有服务和产品提供建议，增强服务体验，同时有助于企业在互动中整合内外部知识，提高开放式整合水平（汪涛等，2013），即有助于开放式服务创新水平的提升。

根据上述推论，利益相关者导向能够促进企业资源拼凑能力的提升，资源拼凑对知识共创产生正向影响，而知识共创有助于企业成功实施开放式服务创新。因此，利益相关者导向可以通过促进资源拼凑，进而推动知识共创来提升企业开放式服务创新水平，资源拼凑和知识共创可以被认为是利益相关者导向与开放式服务创新之间的递推式媒介（即链式中介）。

基于此，本书提出以下假设：

H4：资源拼凑和知识共创在利益相关者导向与开放式服务创新关系间具有链式中介作用。

（五）跨组织联结网络的调节作用

1. 跨组织联结网络在利益相关者导向与资源拼凑之间的调节作用

跨组织联结网络体现了由社会网络中各个节点组成的网络结构，这样的结构能够连接组织成员并使大家获益，因此形成动力进一步扩展合作范围或者增加合作的深度，一般包含网络位置中心度和互动与嵌合程度（彭正银等，2019）。较强的跨组织联结网络关系意味着相联结的群体拥有更加紧密的关联（Clement et al.，2017），当企业具备更好的跨组织联结网络状态，就会比较顺畅地与网络组织成员进行资源与知识交流互动，并获取信息利益与控制权（Burt，1992）。在此情境下，利益相关者导向会带来与利益相关集体更高的互动质量（Swanson，1999），从而更精准定位利益相关者需求。这会帮助企业在动态环境下准确挖掘手边的潜在资源，并有效地从多元的利益相关者处获得这些资源，从而加速资源拼凑的效率（靳小翠，2018）。当企业跨组织联结网络程度低时，企业与外部环境的相关性和联系性弱，与利益相关者的资源与信息交流存在信息超载的风险，进而降低互动效率（Frone，2018；于飞等，2021）。也就是说，当跨组织联结网络程度高时，利益相关者导向对资源拼凑的作用才得以凸显。

一方面，跨组织联结网络位置中心程度体现了网络主体获取资源的难易程度。研究表明，在网络结构中靠近中心位势的主体掌握着资源和信息控制权，更有机会获得有价值、异质性资源（Burt，1992；彭正银等，2019）。同时，中心位势带来的向心力会增加与不同主体互动交往的频率，降低信息不对称的程度（Perry-Smith，2006），增强与利益相关集体资源合作的有效性，这会影响到企业利益相关者导向战略作用能否得到发挥。并且处于有利网络位置的行为主体更易获得利用网络资源的技能、能力和动机（Khattab et al.，2018），从而增强利益相关者导向的作用效果。

所以，本书认为网络位置中心程度高会积极影响到利益相关者导向与资源拼凑的关系。当企业的网络位置中心程度高时，利益相关者导向战略能够在多变的环境压力下迅速获得有益信息及时与利益相关集体建立有序关系。从而发挥出利益相关者导向作用下的网络资源利用、整合能力，使企业在丰富的资源渠道中容易发掘获取潜在资源，拓宽资源拼凑途径。因此，在不同的网络位置情境下，利益相关者导向与资源拼凑之间的关系可能会发生变化。也就是说，网络位置中心程度可能会积极影响到利益相关者导向对资源拼凑的作用效果。

另一方面，跨组织联结网络的互动与嵌合程度反映了双方间的联结强度和资源异质性，体现了信任度和持久度（彭正银等，2019）。企业寻求合作的动机也会逐渐从追求直接经济利益扩大到培育长期共赢的关系上来（Nahapiet & Ghoshal，1998；Park & Luo，2001）。当互动与嵌合程度越高，相互间的行为规范和价值观就越能互为认同，利益相关者导向战略就更易产生效果从而加强企业间资源流动效率对资源拼凑产生影响。

互动与嵌合程度高促使企业之间的信任感增强，主体愿意履行情感承诺（Park & Luo，2001；韩炜等，2013；谭云清等，2020），并且会基于共同战略利益建立互惠关系，从而使网络内的企业有更多机会与其他企业进行资源交换和创新合作（宋耘和王婕，2020）。所以高互动与嵌合程度的跨组织联结网络环境下，利益相关者导向的作用得到有力发挥，企业的资源拼凑水平将会提升。

由此可见，跨组织联结网络有助于企业利益相关者导向战略的发挥，利益相关者导向与跨组织联结网络的交互与契合，可能会成为企业资源拼凑水平提高的催化剂。当跨组织联结网络程度较高时，与利益相关集体间的互动交流更加顺畅，利益相关者导向战略能够得到很好的发挥，对资源拼凑的影响会增强。反之，当跨组织联结网络程度较低时，企业利益相关者导向对于资源拼凑的影响便会减弱。

基于此，本书提出以下假设：

H5：跨组织联结网络正向调节利益相关者导向与资源拼凑间的关系。

2. 跨组织联结网络在利益相关者导向与知识共创之间的调节作用

企业面临的外部网络环境不断变化，因此，利益相关者导向能否发挥作用提高企业的知识管理水平，必须考虑外部网络环境的变化以对战略模式进行适当调整（辛本禄和王今，2019）。当企业所处的跨组织联结网络状况较好时，企业与网络中利益相关者交换的资源和知识更广泛，能够更好地满足利益相关者需求，并与其展开持续且深入的知识互动和交流（Nielsen，2005）。因而，企业能够在有效互动中，通过成员的知识子系统的状态调整，完成异质性知识的创造性整合，也就是知识共创（张培和杨迎，2019）。利益相关者导向有利于提高企业间经验交流、知识管理和共同认知（陈旭升和董和琴，2016），是知识共创的重要驱动因素，在这一驱动过程中，跨组织联结网络起着重要作用。

一方面，跨组织联结网络位置中心程度反映了企业在网络中的结构洞位置（彭正银等，2019）。主要考察企业在网络中获取和控制资源的水平以及充当中心枢纽的程度，强调企业与其他主体建立的非冗余的异质性联系（孙博等，2021）。较高的中心程度为企业开展利益相关者导向战略提供了基本保障。当企业处于更中心的跨组织联结网络位置时，企业有更多获取不同类型知识和信息的权力，也更有机会联系网络中的其他企业并与之形成利益共同体，使知识生产、扩散和溢出都更加顺畅（Tödtling et al.，2009；Perrysmith & Mannucci，2017）。在此情境下，利益相关者导向战略有助于企业更好地把控利益相关者需求和关系，有效将需求转化为知识和经验从而进行知识共创。

当网络位置中心程度较低时，企业与其他主体缺乏应有的互动和联系，即确定利益相关者导向为战略，也不能充分激活优良网络中利益相关者的资源价值，进而无法有效地将其最终转化为创造性知识（辛本禄和王今，2019）。由此可见，网络位置中心程度会影响利益相关者导向的战略作用和实施效果，具有较高网络中心度支持的利益相关者导向战略才会增强企业知识共创水平。因此，跨组织联结网络中心度可能会正向影响利益相关者导向与知识共创之间的关系。

另一方面，跨组织联结网络的互动与嵌合程度体现了企业与网络成员的相互联结与相互角色、功能的认同程度（彭正银等，2019）。较高的互动与嵌合为企业展开利益相关者导向战略提供了强劲动力。当企业具备较高的互动与嵌合程度时，企业与网络主体间彼此信任程度也越高（Park & Luo，2001；韩炜等，2013；谭云清等，2020）。基于信任关系，组织更倾向于做出对双方有利的承诺和行为（李丹等，2018），为与利益相关集体建立合作关系提供情感支持。同时，企业处在互动与嵌合程度较高的网络，有助于在联合网络中获得信息优势，这种优势会推动具有知识相似性的网络参与者更好地利用网络资源（Anne et al.，2016）。并使相互之间传递关键性知识和资源的可能性越大，更容易深化企业与利益相关集体合作的深度和广度，进一步提升知识共创水平。

由此可见，利益相关者导向与跨组织联结网络中互动与嵌合程度的交互，可能会加速利益相关者导向战略的进程。因此，跨组织联结网络中的互动与嵌合程度会对利益相关者导向与知识共创之间的关系产生积极的权变影响。所以，跨组织联结网络与利益相关者导向的契合，可能会成为企业知识共创的催化剂。不同的跨组织联结网络水平也可能会积极影响到利益相关者导向与知识共创之间的关系。

基于此，本书提出以下假设：

H6：跨组织联结网络正向调节利益相关者导向与知识共创间的关系。

（六）被调节的中介作用

1. 跨组织联结网络对资源拼凑中介效应的调节作用

资源拼凑以一种另辟蹊径的方式对资源进行创造性重组，能通过识别和开发潜在资源，挖掘出新的"服务"（Salunke et al.，2013），并在实践过程中保持敏锐的洞察力和应变能力（李非和祝振铎，2014），不仅使企业具备独特的动态能力（吴亮等，2016），还能有效催化创新（Kickul et al.，2010；Gundry et al.，2011），帮助企业摆脱资源陷阱推动商业模式创新（Guo et al.，2016；孙锐和周飞，2017），从而为企业实现开放式服务创新奠定基础。利益相关者导向战略帮助企业在快速变化的环境中及时与利益相关者建立合作关系（Rowley，1997；盛亚和蒋旭弘，2020），使企业有更多途径获得社会网络所蕴藏的潜在的、廉价的异质性资源，这种资源越丰富企业创新组合的效果越好（Ahuja，2000）。从这一角度来看，企业践行利益相关者导向战略可以提高资源拼凑水平，进而推动开放式服务创新。

因而，在前文中提出了资源拼凑在利益相关者导向与开放式服务创新之间的中介作用假设。根据既有文献，当跨组织联结网络程度较高时，企业越是处于核心网络位置，管理者在资源获取和处理上就越具有主动权（Burt，1992；彭正银等，2019），那么利益相关者导向的作用得到凸显，能够加强与利益相关者的互动效率和质量，拓宽资源途径和资源控制力，从而促进资源拼凑水平的提高（靳小翠，2018）。基于此，本书提出跨组织联结网络对利益相关者导向与资源拼凑关系的调节作用假设。当跨组织联结网络程度不同时，利益相关者导向对资源拼凑水平的影响程度会发生变化。因此，利益相关者导向通过资源拼凑影响开放式服务创新的路径，可能同样会受到跨组织联结网络的调节。

当跨组织联结网络程度较高时，一方面，较好的网络中心位置在与利益相关主体互动中更具有主动性（Burt，1992；彭正银等，2019），能够较好地发挥企业利益相关者导向的战略作用，同时与网络成员的嵌合与紧密程度有助于利益相关者导向战略下，企业增强利益相关者间信任与情感承诺水平。因而拓宽资源途径方便获取潜在资源，提高资源拼凑效率。另一方面，当跨组织联结网络程度较低时，与网络主体的互动不畅通和较低的信任水平可能会阻碍利益相关者导向战略的实现，进而无法达成拼凑活动的资源获取与创新目的，从而影响企业的开放式服务创新水平。也就是说，跨组织联结网络对"利益相关者导向—资源拼凑—开放式服务创新"这一作用路径具有积极的影响。

基于此，本书提出以下假设：

H7：跨组织联结网络对利益相关者导向通过资源拼凑影响开放式服务创新的间接关系具有正向调节作用。

2. 跨组织联结网络对知识共创中介效应的调节作用

知识共创促使企业与多主体交流互动，实现异质性知识"游走"（学习、接触、试错和探索）与耦合（Flock，2006；蒋楠等，2016），能够形成较好的协调和创新能力并生成新的知识（Arikan，2009；Jandhyala & Phene，2015；Clement et al.，2018），对开放式服务创新产生重要影响。利益相关者导向促使企业及时了解利益相关集体的需求变化（王启亮和虞红霞，2010），满足利益相关者的同时有利于共同创造和获得新知识（Bottenberg et al.，2016），能有效提高企业的知识共创水平。从这一角度来看，利益相关者导向为企业知识共创提供了平台与空间，而知识共创为开放式服务创新的实现奠定了基础。因此，在前文中提出了知识共创在利益相关者导向与开放式服务创新之间的中介作用假设。

同时不难看出，企业与其他主体进行信息交流与互动越顺畅、越深入，越能很好地识别企业发展的机会（Burt，1992），增强企业行动力，利益相关者导向对知识共创的作用便更有可能得到发挥。因而，本书提出了跨组织联结网络对利益相关者导向与知识共创关系间的调节作用假设。当跨组织联结网络程度不同时，利益相关者导向对知识共创的影响程度会发生变化。基于此，本书进一步认为，利益相关者导向通过知识共创影响企业开放式服务创新的路径，同样会受到跨组织联结网络的调节。

当跨组织联结网络水平较高时，一方面，较高程度的跨组织联结网络影响下企业能更好地获取信息利益和控制利益（Burt，1992；彭正银等，2019），激发企业利益相关者导向战略更好地发挥作用，企业与利益相关者的互动频率与深度增强使得知识共创水平得到提高。另一方面，知识共创会促使企业实现开放式服务创新。而当跨组织联结网络程度较低时，企业容易依赖经验和惯例看问题，难以实现利益相关者导向战略下对外部主体关系的积极维护，使知识共创无法有效实现，从而开放式服务创新水平较难得到提高。也就是说，跨组织联结网络对"利益相关者导向—知识共创—开放式服务创新"这一作用路径具有积极的影响。

基于此，本书提出以下假设：

H8：跨组织联结网络对利益相关者导向通过知识共创影响开放式服务创新的间接关系具有正向调节作用。

四、研究设计与方法

（一）问卷设计与预调查

1. 问卷设计

本书选用问卷调查法进行数据收集用以实证利益相关者导向与开放式服务创新关系，资源拼凑、知识共创的中介作用和跨组织联结网络的调节作用。因此，如何设计出科学严谨的问卷成为确保数据获取质量的重要前提。参考罗胜强和姜嬿（2014）在问卷研究调查法中的观点，将按照如下流程设计问卷：

①再次回顾利益相关者导向、资源拼凑、知识共创、跨组织联结网络的文献，选取测量这些概念的在学界普遍认可的成熟量表。开放式服务创新的量表参考第三章的研究结果。②对国外量表（资源拼凑和利益相关者导向）按照标准的翻译—回译方法，邀请两位企业管理的博士研究生和一位英语专业的硕士研究生各自将英语量表翻译成中文，然后将译成中文的量表由另外两位企业管理的博士研究生和一位英语专业的硕士研究生译回英文，最终由大家讨论选择误差较小、语义准确的题项形成初始量表。③邀请五位在企业工作的中层以上管理者对所有五个变量的测量题项进行修改，主要对题项的表达方式和措辞提出改进意见，使测量题项能被受访者更好地理解。④通过研究者关系网络进行预调研，根据小样本预测试结果，对初始问卷的题项进行净化，并确立最终问卷。

本书设计的调查问卷包括两个部分：第一部分是受调查者的个人基本情况与所在企业的基本情况信息；第二部分是结合所测变量的李克特5点式计分量表，其中，数字1~5表示的含义及其程度逐步过渡和递进，"1"表示"完全不同意"，"5"表示"完全同意"。李克特量表使被调研者更清楚方便地找到答案的位置，有利于提高量表的信度。与此同时，为了降低受访者主观思维惯性导致的共同方法变异（common method variance）误差，本书采用了对同一受访者两阶段追踪问卷调查方法收集数据，降低共同方法偏差。因此采用 A、B 卷的方式。第二部分调查问卷 A 用于测量利益相关者导向、资源拼凑与开放式服务创新变量；第二部分调查问卷 B 用于测量知识共创与跨组织联结网络变量。

本书一共包括五个变量，解释变量为利益相关者导向，被解释变量为开放式服务创新，中介变量为资源拼凑和知识共创，调节变量为跨组织联结网络。

第一，解释变量是利益相关者导向（stakeholder orientation）。利益相关者导向的定义是企业能够积极主动地关注利益相关者的价值需求，通过自身资源和能力给予满足，并与利益相关集体保持积极有序的关系，以共同创造价值的战略方式。本书主要采用 Yau 等（2007）的量表，由 19 个题项四个维度构成，包含顾客导向、竞争者导向、股东导向、员工导向四个维度。示例题项有"我们竞争战略的制定基于对客户需求的理解"；"我们认为客户满意度需要经常被系统评估"等。

第二，被解释变量是开放式服务创新（open service innovation）。开放式服务创新的定义是从服务的角度重新思考一切业务，通过与利益相关者建立合作实现开放式资源整合，以促成服务型商业模式的升级到商业生态平台的构建。在经历了文献调研与维度建构、企业管理者的访谈与内容分析、调研数据的检验后，本书开发了开放式服务创新的测量量表。该量表由 10 个题项三个维度构成，包含服务逻辑思考、开放式整合途径、服务型商业模式三个维度。示例题项有"我们认为服务经济是主导企业一切活动的基础"；"相比产品而言，开发新的服务或服务解决方案更重要"等。

第三，中介变量为资源拼凑（resource bricolage）和知识共创（knowledge co-creation）。资源拼凑的定义是企业对手边资源的创造性开发与整合，目的为更大程度发挥资源的价值以应对环境变化。本书主要采用 Senyard 等（2014）的量表，由 8 个题项构成。示例题项有"我们很乐意利用手边的资源应对多样化挑战"；"我们整合手边资源能完成原本做不到的任务"等。

知识共创的定义是企业与合作伙伴、供应商、顾客等主体相互协作以共同创新知识的过程。因此，本书主要采用范钧和聂津君（2016）的量表，由 6 个题项两个维度构成，包含内向型知识共创和外向型知识共创两个维度。示例题项有

"我们能挖掘出顾客的潜在需求或顾客自己无法清楚表达的需求"；"我们新产品的开发总能符合预期的成本要求"等。

第四，调节变量为跨组织联结网络（inter-organizational linkage network）。跨组织联结网络的定义是一种由企业利益相关者相互嵌入的网络位置和网络关系，来反映企业所处的外部环境的组织情境。本书主要采用彭正银等（2019）的量表，由 15 个题项三个维度构成，包含网络位置、互动程度和嵌合程度三个维度。示例题项有"我们企业在行业内有很高的决策主动权"；"我们企业与具有不同规模、技术水平和产业类型的企业有着广泛联系"等。

第五，控制变量。已有研究表明企业规模和企业性质等常规变量对开放式服务创新有显著影响，所以本书对这些变量加以控制。在进行回归分析时，将控制变量虚拟化处理后进行了假设检验。

2. 预调研及结果分析

为了检验问卷设计是否科学有效，将针对小范围群体进行预调研测试。主要通过研究者个体关系网络联系吉林大学、哈尔滨工业大学和黑龙江大学等高校的 100 名同学。这些被调研对象均有在企业的实际工作经验，且都具有本科以上学历和管理理论知识基础。其中有大部分被调研者已经在企业内担任基层管理者以上的职位。

笔者于 2020 年 2 月开始进行预调研的数据收集，主要通过微信和 QQ 等通信手段发放电子问卷。先发放问卷 A 部分，并在发放之前说明研究目的。为降低同源方差问题，在间隔半个月之后再联系被调研者填写问卷 B 部分。随后对获取的两阶段预调研数据进行整合和分析，根据统计结果对问卷予以修订。

预调研共发放了 100 份问卷，回收 87 份，由于疫情因素回收效果并不十分理想，剔除敷衍填答、时间过短等无效问卷，得到有效问卷 76 份，有效回收率 76%。在这 76 份有效问卷中，笔者进行了描述性统计分析，以摸清样本的基本结构。表 4.1 详细列出了所回收问卷的基本信息。从被调研者的职位来看，基层管理者占比 64.47%，中层管理者占比 32.89%，高层管理者占比 2.63%；从被调研者学历来看，本科占比 40.80%，硕士研究生占比 47.37%，博士研究生占比 11.84%；从企业规模来看，100 人及以下占 18.42%，101~500 人占 30.26%，501~1000 人占 28.95%，1000 人以上占 22.37%；从企业性质来看，国有企业占比 27.63%，外资企业占比 17.11%，合资企业占比 17.11%，民营企业占比 38.16%。

表4.1　被调研者及企业特征描述统计　　　　　　　单位：份，%

特征	类别	样本数量	占比
职位级别	基层管理者	49	64.47
	中层管理者	25	32.89
	高层管理者	2	2.63
学历	本科	31	40.80
	硕士研究生	36	47.37
	博士研究生	9	11.84
企业规模（员工人数）	100人及以下	14	18.42
	101~500人	23	30.26
	501~1000人	22	28.95
	1000人以上	17	22.37
企业性质	国有企业	21	27.63
	外资企业	13	17.11
	合资企业	13	17.11
	民营企业	29	38.16

（1）预调研检验标准。

为了净化题项、提高并判断问卷质量，本书将采用信度与探索性因子进行统计分析（Churchill，1979）。信度分析。参考 Henrysson（1963）的测量题项净化标准采用 CITC 值和 Cronbach's α 系数进行评定，当题项同时满足以下两个条件时予以删除：①CITC 值小于0.5；②删除该题项后 Cronbach's α 系数增加。

探索性因子分析。先采用 KMO 统计量和 Bartlett's 球形检验来判定是否进行探索性因子分析。当 KMO 检验值大于0.6时，Bartlett's 球形检验通过，应用主成分分析法对各变量的测量量表的题项进行因子提取，得出各个变量解释方差。按照相关的因子载荷大于0.5进行条目删除，并与维度设计进行比较。

根据预调研的测量结果对本书涉及的各个变量测量量表进行校对、修订，实现量表的纯化，进而开发正式的调研问卷。

（2）量表测试检验。

首先，信度分析。从表4.2至表4.6中可以看出，开放式服务创新、利益相关者导向、资源拼凑、知识共创和跨组织联结网络量表的 Cronbach's α 值分别为

0.836、0.878、0.792、0.814、0.758，均大于 0.7，属于高信度范围。CITC 值都大于 0.5，且删除任一题项都不能显著提高 Cronbach's α 值，因此，没有需要删除的题项，保留各个量表中的全部题项。

表 4.2　预调研开放式服务创新的量表信度

变量	题项	Cronbach's α 值
开放式服务创新	我们认为服务经济是主导企业一切活动的基础	0.836
	相比产品而言，开发新的服务或服务解决方案更重要	
	我们愿意加强与客户的交往互动	
	我们会经常扫描外部环境并引入外部技术、专利与知识等	
	我们会在开发新服务过程中积极寻求外部主体（如研发机构、大学、供应商、顾客和竞争对手等）的知识和技术源	
	我们会经常向外部授权、转让技术和专利	
	我们认为公开企业部分核心知识将有利于企业竞争优势	
	我们会积极提供服务或服务解决方案来形成新的收益模式	
	我们会调整组织架构或重组内部结构来适应服务化收益模式的变化	
	我们会通过建立平台的方式让供应商、顾客、员工等更多主体参与进来	

表 4.3　预调研利益相关者导向的量表信度

变量	题项	Cronbach's α 值
利益相关者导向	我们竞争战略的制定基于对客户需求的理解	0.878
	我们认为客户满意度需要经常被系统评估	
	我们服务于客户需求的承诺被密切监测	
	我们会密切关注售后服务	
	我们目标和策略的驱动力来自让客户满意	
	我们的销售人员会分享有关竞争对手的信息	
	我们的高层定期讨论竞争对手的优势和劣势	
	我们会对于竞争行为给出应对措施	
	当我们有机会获得竞争优势时，我们会迅速锁定目标客户	
	我们认为为股东创造价值很重要	
	我们的高级管理人员和股东有定期会议	
	我们经常与竞争对手的股权价值作比较	
	我们会定期开展针对股东的公关	

续表

变量	题项	Cronbach's α 值
利益 相关者 导向	我们有专门的经理负责满足股东利益	0.878
	我们会定期进行员工考核，讨论员工需求	
	我们会与员工定期举行工作人员会议	
	作为管理者，我们试图找出工作人员对他们工作的真实感受	
	我们会每年至少调查一次员工，评估他们对工作的态度	

表 4.4　预调研资源拼凑的量表信度

变量	题项	Cronbach's α 值
资源 拼凑	我们对通过手边资源来找出可行方案很有信心	0.792
	我们很乐意利用手边的资源应对多样化挑战	
	我们会用手边资源应对新的问题和挑战	
	我们通过对手边资源的组合来应对新挑战	
	在处理新的问题或机遇时，我们采取行动的前提是找到可行的解决办法	
	通过整合手边资源，我们完成了各种新的挑战	
	当我们面临新的挑战时，我们将现有的资源整合形成可行的解决方案	
	我们整合手边资源能完成原本做不到的任务	

表 4.5　预调研知识共创的量表信度

变量	题项	Cronbach's α 值
知识 共创	我们能挖掘出顾客的潜在需求或顾客自己无法清楚表达的需求	0.814
	我们将各种不同信息和知识融合，提出新概念或产生新知识	
	我们将各种不同信息和知识融合，产生新的产品开发解决方案	
	我们新产品的开发总能符合预期的成本要求	
	我们开发的新产品总能达到预期的顾客满意度	
	我们开发的新产品总能达到预期的利润目标	

表 4.6　预调研跨组织联结网络的量表信度

变量	题项	Cronbach's α 值
跨组织 联结 网络	我们企业在行业内有很高的决策主动权	0.758
	我们企业与具有不同规模、技术水平和产业类型的企业有着广泛联系	
	我们在行业内有很高的知名度	

续表

变量	题项	Cronbach's α 值
跨组织联结网络	我们与合作伙伴共享紧密的社会关系	0.758
	我们与合作伙伴之间的交流非常频繁	
	我们与合作伙伴之间涉及多范围的广泛项目	
	在合作中我们能通过更低成本获取关键性资源	
	合作企业很愿意向我们转移技术、知识等资源	
	我们企业能够较好地理解、吸收合作企业转移的技术、知识	
	我们与合作企业相互依赖重视建立长期合作关系	
	合作企业制定一些决策时通常会考虑到我们的利益	
	我们非常相信合作企业具有完成合作任务的能力	
	我们对双方合作企业的成效感到很满意	
	我们企业可用更低成本终止或替换合作伙伴	
	我们与合作企业间有很高的合作流程透明度	

其次，探索性因子分析。如表 4.7 所示，利益相关者导向、资源拼凑、知识共创、开放式服务创新和跨组织联结网络量表的 KMO 值和 Bartlett 球形检验显著性值，与因子分析所要求的标准和条件相符，都适合进行因子分析。

表 4.7　探索性因子分析结果

变量	KMO（取样适当性）	Bartlett 球形检验（显著性）	解释方差（%）
利益相关者导向	0.706	0	72.118
资源拼凑	0.826	0	75.626
知识共创	0.701	0	69.51
开放式服务创新	0.731	0	80.572
跨组织联结网络	0.711	0	67.452

与此同时，本书通过主成分分析法对各变量的测量量表的题项进行因子提取，各个变量解释方差的数据表明，数据对整体结构具有良好的解释能力。

对预调查数据的测试结果显示，本书提出的利益相关者导向、资源拼凑、知识共创、开放式服务创新、跨组织联结网络的测量量表具有良好的信度和结构效度。

(二) 正式调查

经过预调研的数据分析，对不必要题项进行删减，完善利益相关者导向、资源拼凑、知识共创、开放式服务创新、跨组织联结网络的测量题项，形成本书的正式调查问卷。并在此正式问卷基础上开展大规模调研，收集研究数据并进行样本特征分析。

1. 数据收集

在数据收集过程中，本书参考张海军（2017）制造业服务化创新研究中采用的企业选择标准来确定样本：①企业能够独立地为客户提供专业服务或产品衍生服务，且这些服务会有助于企业利润增长；②企业独立提供服务业务至少一年；③企业提供服务的内容可以包含农林牧渔服务，交通运输、仓储和邮政服务，信息传输、计算机服务和软件服务，批发和零售服务，住宿和餐饮服务，金融服务，房地产业服务，租赁服务，科学研究、技术服务和地质勘查业服务，水利、环境和公共设施管理服务，教育服务，文化、体育和娱乐业服务等。

针对本书研究的问题，调研对象主要选择基层、中层、高层管理人员，如总经理、大区经理、高级合伙人，运营、营销、研发等相关部门经理和负责人，企业团队、科室负责人等。选取企业管理者的原因在于这些群体与本书的战略议题相契合，对企业商业模式的了解程度更高。数据收集过程通过多元化的方式展开，以此控制同源方差的影响。包括实地、微信、QQ、电子邮件等方式发放纸质问卷和电子问卷。调研对象主要依靠研究者个人关系网络、研究团队关系网络，进行"滚雪球"式样本推荐。从 2020 年 7 月至 2021 年 2 月，本书的问卷收集历时半年，共发放问卷 500 份，回收 432 份，回收率 86.4%，根据样本选择标准进行初步筛选，剔除无效样本。此外，对于未完成的问卷予以剔除处理，最终共获得有效问卷 416 份，有效率为 83.20%。

2. 样本特征分析

表 4.8 是有效回收问卷中填写的样本企业的基本情况。从企业规模来看，研究样本具有较大的分散性，企业覆盖了从几十人到上千人的企业。在企业规模分布上，100 人及以下占 22.36%，101～500 人占 34.38%，501～1000 人占 19.71%，1000 人以上占 23.56%；从企业性质来看，样本企业具有不同的所有制

类型，如国有企业占比 26.44%，非国有企业占比 73.56%。在非国有企业中，民营企业占比 44.95%，外商独资企业占比 12.26%，中外合资企业占比 16.35%；从企业的所属行业来看，制造业企业占比较大，因为新经济形态下的制造业服务化需求日益增加，在生产服务过程中的开放式服务创新模式特征更明显。而如餐饮、修理、美容美发等生活性服务业行业的服务创新过程相对不够明显，因此尽管所占比例较少，但并不影响数据质量。

表4.8 企业特征描述性统计

特征	类别	样本数量（份）	占比（%）
企业规模（员工人数）	100 人及以下	93	22.36
	101~500 人	143	34.38
	501~1000 人	82	19.71
	1000 人以上	98	23.56
企业性质	国有企业	110	26.44
	民营企业	187	44.95
	外商独资企业	51	12.26
	中外合资企业	68	16.35
所属行业	农、林、牧、渔业	46	11.06
	采矿业	47	11.30
	制造业	152	36.54
	交通运输、仓储和邮政业	43	10.34
	信息传输、软件和信息技术服务业	41	9.86
	住宿和餐饮业	1	0.24
	金融业	19	4.57
	房地产业	3	0.72
	科学研究和技术服务业	14	3.37
	居民服务、修理和其他服务业	30	7.21
	教育	2	0.48
	文化、体育和娱乐业	18	4.33

五、研究结果

（一）信度分析

本书对"利益相关者导向""资源拼凑""知识共创""开放式服务创新""跨组织联结网络"五个变量进行了信度检验，结果显示 Cronbach's α 值均大于 0.7 的临界值（见表4.9），说明"利益相关者导向""资源拼凑""知识共创""开放式服务创新""跨组织联结网络"五个变量的内部一致性较高，通过了信度检验。

表4.9 信度分析结果

变量	Cronbach's α
利益相关者导向	0.811
资源拼凑	0.878
知识共创	0.779
开放式服务创新	0.827
跨组织联结网络	0.723

（二）共同方法偏差检验

共同方法变异（common method variance）是一种系统误差，它普遍存在于采用问卷法的研究中。由于同源偏差会显著降低研究结果的可信度，因此本书采用了程序控制和统计控制来消除或降低这种偏差。首先，本书的问卷调查为匿名的方式，同时采用了两阶段追踪问卷调查方法收集数据，尽可能避免了共同方法偏差的产生。然而，由于每份调查问卷均由同一人员填写，仍可能存在一定的同源偏差。因此，我们接下来进一步利用统计分析来对共同方法偏差进行检验。

依照周浩和龙立荣的建议，采用 Harman 单因子检验方法，将问卷中的五个因素的所有条目一起做因子分析。结果表明，在未旋转时得到的第一个主成分占到的载荷量是26.339%，小于总变异量（72.682%）的40%。接下来，我们采用更为严格的单一共同因素法再一次检验同源偏差情况。结果表明，在加入共同方法因子后，模型的拟合度与最高的五因子模型相比，RMSEA、CFI、TLI 的变化值（ΔRMSEA = 0.012，ΔCFI = 0.019，ΔTLI = 0.018）均未超过 0.02，说明模型拟合度并未得到显著改善。综上，我们可以判断本书的同源偏差问题得到了较好的控制。

（三）验证性因子分析

本书利用 Mplus 7.4 对利益相关者导向、资源拼凑、知识共创、跨组织联结网络、开放式服务创新五个构念进行了验证性因子分析（见表 4.10）。结果表明，五因素模型的数据拟合度指标优于其他备选模型（$\chi^2/df = 1.65$，CFI = 0.964，TLI = 0.954，RMSEA = 0.052），说明五因素模型具有较好的区分效度。

表 4.10　测量模型对比

测量模型	χ^2	df	χ^2/df	RMSEA	CFI	TLI
五因素模型	155.43	94	1.65	0.052	0.964	0.954
四因素模型	344.69	98	3.52	0.102	0.856	0.823
三因素模型	555.61	101	5.50	0.136	0.734	0.684
双因素模型	947.49	103	9.20	0.184	0.506	0.425
单素因模型	1068.45	104	10.27	0.196	0.436	0.35

（四）描述性统计与相关分析

由表 4.11 可知，利益相关者导向与开放式服务创新显著正相关（r = 0.588，p<0.01）；利益相关者导向与资源拼凑显著正相关（r = 0.453，p<0.01）；利益相关者导向与知识共创显著正相关（r = 0.446，p<0.01）。这些统计结果为本书的假设提供了初步的支持。

表 4.11　描述性统计与相关分析结果（N=416）

变量	均值	标准差	1	2	3	4	5	6	7
1. 企业性质	2.24	0.51							
2. 企业规模	3.30	0.74	−0.318**						

续表

变量	均值	标准差	1	2	3	4	5	6	7
3. 利益相关者导向	3.47	0.72	0.06	0.008					
4. 跨组织联结网络	2.99	1.04	−0.016	0.081	−0.045				
5. 资源拼凑	3.27	0.69	0.085	−0.04	0.453**	0.306**			
6. 知识共创	3.27	0.77	−0.054	−0.069	0.446**	0.099	0.555**		
7. 开放式服务创新	3.19	0.88	0	0.018	0.588**	0.164*	0.538**	0.591**	

注：*表示 p<0.05，**表示 p<0.01。

（五）模型验证结果分析

1. 中介效应检验结果

本书采用 PROCESS 模型 6 检验资源拼凑和知识共创在利益相关者导向作用于开放式服务创新中的链式中介效应。结合 Bootstrap 计算机模拟方法重复 1000 次样本抽样，通过解读置信区间是否包括 0，检验路径显著性。当置信区间不包括 0 意味着研究路径显著，反之则不包括 0。

统计结果如表 4.12 所示，其中利益相关者导向对开放式服务创新影响的主效应置信区间为 [0.6026, 0.8328]，其中不包括 0，效应值为 0.72，说明利益相关者导向对开放式服务创新的影响具有显著性，H1 得到支持。

当中介变量资源拼凑以及知识共创进入时，直接效应置信区间为 [0.3190, 0.5379]，其中不包含 0，效应值为 0.43，说明利益相关者导向对于开放式服务创新的直接效应显著，而总的间接效应为 0.29，置信区间为 [0.2092, 0.3736]，其中并不包含 0，说明间接效应显著，即中介效应存在。

共计有三条间接效应（中介作用）的作用路径，具体机制如下：利益相关者导向基于中介变量资源拼凑作用于开放式服务创新（路径 1）的效应值为 0.11，其置信区间为 [0.0512, 0.1671]，其中并不包含 0，说明资源拼凑的中介作用显著，H2 得到了支持；而利益相关者导向通过知识共创的中介作用影响开放式服务创新（路径 2）的效应值为 0.10，其置信区间为 [0.0562, 0.1567]，其中并不包含 0，说明知识共创的中介作用显著，H3 得到支持。

此外，还存在远端中介，即利益相关者导向通过资源拼凑和知识共创的链式中介作用影响开放式服务创新（路径3），其作用效应值为0.08，其置信区间为［0.0524，0.1129］，其中并不包含0，说明链式中介作用显著，H4得到了支持。在上述中介路径的比较中，均不存在差异。

表4.12　中介效应 Bootstrap 分析结果

路径	效应量	标准误	上限	下限
总效应	0.72	0.06	0.6026	0.8328
直接效应	0.43	0.06	0.3190	0.5379
间接效应	0.29	0.04	0.2092	0.3736
路径1：利益相关者导向→资源拼凑→开放式服务创新	0.11	0.03	0.0512	0.1671
路径2：利益相关者导向→知识共创→开放式服务创新	0.10	0.03	0.0562	0.1567
路径3：利益相关者导向→资源拼凑→知识共创→开放式服务创新	0.08	0.02	0.0524	0.1129
路径1与路径2	0.03	0.03	−0.0347	0.0861
路径1与路径3	0.01	0.04	−0.0661	0.0894
路径2与路径3	−0.02	0.03	−0.0708	0.0269

2. 调节效应检验结果

表4.13中，在模型1的基础上，加入利益相关者导向和跨组织联结网络的交互项后，交互项的回归系数显著（$\beta = 0.178$，$p < 0.001$），说明跨组织联结网络在利益相关者导向与资源拼凑之间的调节效应显著。图4.2给出了跨组织联结网络在利益相关者导向与资源拼凑关系的调节模式。结果表明：在高跨组织联结网络的情况下，利益相关者导向与资源拼凑间的关系较强；而在低跨组织联结网络的情况下，利益相关者导向与资源拼凑间的关系较弱，H5得到了支持，同理，H6亦得到了支持。

表4.13　调节效应检验

变量	资源拼凑		知识共创	
	模型1	模型2	模型3	模型4
企业性质	0.061	0.047	−0.178	−0.189**
企业规模	−0.052	−0.045	−0.125	−0.119*

续表

变量	资源拼凑		知识共创	
	模型 1	模型 2	模型 3	模型 4
利益相关者导向	0.446***	0.483***	0.492***	0.520***
跨组织联结网络	0.221***	0.246***	0.095*	0.114***
利益相关者导向×跨组织联结网络		0.178***		0.136**
R^2	0.319	0.359	0.232	0.251

注：***表示 $p<0.001$，**表示 $p<0.01$，*表示 $p<0.05$。

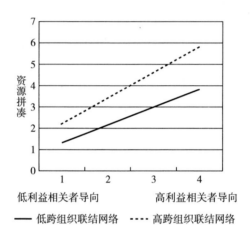

图 4.2　跨组织联结网络正向调节利益相关者导向与资源拼凑间的关系

3. 调节中介效应检验结果

有调节的中介效应检验。Edward 和 Lambert（2007）指出，当中介作用受到调节变量的影响时，就出现了有调节的中介作用，本书根据温忠麟和叶宝娟提出的方法进行检验。

建立有调节的中介模型，并检验两个回归方程：$W = a_0 + a_1 X + a_2 U + a_3 UX + u_2$，$W$ 为中介变量；$Y = c_0 + c_1 X + c_2 U + b_1 W + b_2 UW + u_3$；中介效应 = $(a_1 + a_3 U) \times (b_1 + b_2 U) = a_1 b_1 + (a_1 b_2 + a_3 b_1) U + a_3 b_2 U^2$。

如果都不显著，再用非参数百分位 Bootstrap 法或者 MCMC 法对系数乘积做区间检验。如果都包含 0，用 Bootstrap 计算 $(a_1 + a_3 U) \times (b_1 + b_2 U)$ 最大值与最小值之差的区间。$a_3 b_1$ 表示模型的前半段受到调节，本书只需要验证 a_3 和 b_1，如表

4.14 所示，a_3 系数为 0.038，置信区间为 [0.019，0.060]，b_1 系数为 0.344，置信区间为 [0.231，0.440]，a_3 显著，b_1 显著，H7 得到验证，同理，H8 得到验证。

表 4.14　相关系数置信区间结果

	系数	95%置信区间	
		Lower	Upper
a_3	0.038	0.019	0.060
b_1	0.344	0.231	0.440

（六）研究结果与分析

经过严格的企业对象选择和滚雪球抽样方式，本书总共获得 416 份有效问卷，共提出 8 个假设，通过对问卷数据的分析，H1、H2、H3、H4、H5、H6、H7 和 H8 全部通过验证，具体结果如表 4.15 所示。

表 4.15　假设检验结果汇总

假设	内容	检验结果
H1	利益相关者导向对开放式服务创新有显著正向影响	支持
H2	资源拼凑对利益相关者导向与开放式服务创新之间的关系具有中介作用	支持
H3	知识共创在利益相关者导向与开放式服务创新中起中介作用	支持
H4	资源拼凑和知识共创在利益相关者导向与开放式服务创新关系间具有链式中介作用	支持
H5	跨组织联结网络正向调节利益相关者导向与资源拼凑间的关系	支持
H6	跨组织联结网络正向调节利益相关者导向与知识共创间的关系	支持
H7	跨组织联结网络对利益相关者导向通过资源拼凑影响开放式服务创新的间接关系具有正向调节作用	支持
H8	跨组织联结网络对利益相关者导向通过知识共创影响开放式服务创新的间接关系具有正向调节作用	支持

本章基于商业生态系统理论、动态能力理论和社会网络理论揭示了企业开放式服务创新的形成机制。数据结果表明：利益相关者导向对开放式服务创新产生直接影响，同时也通过资源拼凑和知识共创对开放式服务创新产生影响，同时资

源拼凑和知识共创在利益相关者导向与开放式服务创新关系间具有链式中介作用。跨组织联结网络正向调节利益相关者导向与资源拼凑间的关系，并正向调节资源拼凑的中介作用，跨组织联结网络正向调节利益相关者导向与知识共创间的关系，并正向调节知识共创的中介作用。

1. 资源拼凑和知识共创的中介效应结果分析

利益相关者导向对开放式服务创新影响的主效应置信区间为［0.6026，0.8328］，其中不包含 0，效应值为 0.72，说明利益相关者导向对开放式服务创新有显著的影响，H1 得到了支持。利益相关者导向基于中介变量资源拼凑作用于开放式服务创新的效应值为 0.11，其置信区间为［0.0512，0.1671］，其中并不包含 0，说明资源拼凑的中介作用显著，H2 得到了支持。而利益相关者导向通过知识共创的中介作用影响开放式服务创新的效应值为 0.1，其置信区间为［0.0562，0.1567］，其中并不包含 0，说明知识共创的中介作用显著，H3 得到支持。

2. 链式中介结果分析

此外，还存在链式中介，即利益相关者导向通过资源拼凑和知识共创的链式中介作用影响开放式服务创新，其作用效应值为 0.08，其置信区间为［0.0524，0.1129］，其中并不包含 0，说明链式中介作用显著，H4 得到了支持。此外，"利益相关者导向→资源拼凑→开放式服务创新"与"利益相关者导向→知识共创→开放式服务创新"置信区间为［-0.0347，0.0861］，说明不存在差异；"利益相关者导向→资源拼凑→开放式服务创新"与"利益相关者导向→资源拼凑→知识共创→开放式服务创新"置信区间为［-0.0661，0.0894］，说明也不存在差异；"利益相关者导向→知识共创→开放式服务创新"与"利益相关者导向→资源拼凑→知识共创→开放式服务创新"置信区间为［-0.0708，0.0269］，由此可见均不存在差异。

3. 跨组织联结网络的调节效应结果分析

跨组织联结网络在利益相关者导向与资源拼凑的关系中存在调节作用，跨组织联结网络具有正向调节作用，且正向调节作用十分显著，相关系数为（β = 0.178，p<0.001），H5 得到了支持。跨组织联结网络在利益相关者导向与知识共创的关系中存在调节作用，跨组织联结网络具有正向调节作用，且正向调节作用十分显著（见图4.3），相关系数为（β = 0.136，p<0.01），H6 得到了支持，

且发现控制变量企业规模（β＝-0.119，p<0.05）和企业性质（β＝-0.189，p<0.01）在此过程中具有显著影响。

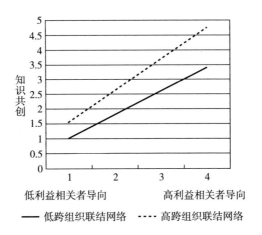

图 4.3　跨组织联结网络正向调节利益相关者导向与知识共创间的关系

　　此外，根据 Edward 和 Lambert（2007）提出的有调节的中介作用，并通过温忠麟和叶宝娟提出的方法进行检验。结果表明，跨组织联结网络对利益相关者导向通过资源拼凑影响企业开放式服务创新的间接关系具有正向调节作用，并对利益相关者导向通过知识共创影响开放式服务创新间接关系具有正向调节作用。当跨组织联结网络程度不同时，利益相关者导向对资源拼凑和知识共创的影响程度会发生变化。

第五章 案例研究

一、问题提出

在前文中，本书通过文献梳理与访谈分析的方法，得出了"开放式服务创新"这一构念的具体内涵和结构维度，据此进行"开放式服务创新"测量工具的题项编制并通过检验，开发了"开放式服务创新"的测量量表。然后通过问卷调研与实证方法对开放式服务创新的形成机制，及由此提出的 8 个假设进行验证。得出利益相关者导向对开放式服务创新的正向关系，并且利益相关者导向能够通过影响组织资源拼凑和知识共创作用于开放式服务创新。与此同时，利益相关者导向对资源拼凑和知识共创的影响受到跨组织联结网络的调节影响。

然而，尽管上述量化统计方法可以科学系统地检验开放式服务创新概念结构、变量之间的影响关系和作用机制，但仍存在需要完善的地方。一是现有的开放式服务创新概念界定、量表开发和影响机制研究亦为截面式的，无法突出历史因素和情境因素的重要性，不能揭示深藏于时间演变和复杂现象之后的动态变化过程；二是上述单纯依靠统计数据进行开放式服务创新的研究仍缺乏一定的稳定性（成思危，2001），且其中的理论阐述较为晦涩，难以更好地传达给管理者（Johns，2006）。因此，为了更好地描述组织情境，使读者理解开放式服务创新及其相关变量和现有假设在实践中的体现，本书将引入案例研究的方法进一步验证结构测量与理论假设部分。通过案例研究来突出情境、展示过程和揭示关系。从而有助于研究者深入聚焦管理现象，理解并应用学术研究成果，并帮助实践者在管理中践行战略构想和进行具体操作。

综上所述，本书将通过对公开资源的检索、收集与内容分析，描绘并论证"开放式服务创新"的内涵与维度以及利益相关者导向、资源拼凑、知识共创的内容。同时，分析案例企业在管理利益相关者，配置资源和知识管理方面的特点，从而检验"利益相关者导向—资源拼凑—开放式服务创新"和"利益相关者导向—知识共创—开放式服务创新"逻辑框架的合理性。这不仅是对开放式服务创新结构维度与形成机制研究可行性与稳定性的再度说明，也是为实证研究结果能够支撑现实实践工作提供案例支持。

二、研究设计与方法

（一）研究方法选择

本部分研究主要选择案例研究法。案例研究法是社会学领域的重要研究方法，通常在应用过程中需要结合其他方法并列进行。作为一种经验性研究方法，案例研究往往要对现实中某一议题背后的现象进行深入而全面的考察（孙海法等，2004）。它能帮助研究者对现实的丰富性展开了解，并对实践案例有效挖掘与深刻探索（Kathleen & Eisenhard，1991；Tsui，2007），从而发现隐藏在管理实践背后的隐性知识。Yin（2003）提出案例研究法的目的就在于通过分析客观事物的资料，从收集、整理到归纳总结，最终生成理论知识，用以解释清楚该客观现象是怎么回事（"how"），以及这种现象为什么会发生（"why"）的问题，从而对某一客观现象产生全面而深刻的认识。成思危（2001）曾提出，案例研究是探索客观事件的必要环节，是处理复杂问题的有效手段。当前学术界过于依赖统计研究进行决策是危险的，结合案例研究则能够有效弥补数据分析的局限。基于此，本书选取案例研究的方法，对开放式服务创新及其结构维度、利益相关者导向、资源拼凑、知识共创的内涵，先进行实践案例的描述，使每一个概念呈现出现实工作的画面感，再对第四章提出的变量间关系进行因果图分析以再次验证，期望能够从多元化视角论述开放式服务创新的内涵与形成机理，进一步提升本书研究的稳定性与可行性。

基于研究目的的差异，案例研究法主要分为四种方式：第一种是为既有社会现象进行准确、完整描述的描述性案例研究。这类研究一般在研究前就形成和明确一个理论导向，以此作为案例分析的理论框架，在框架基础上可以展开具体描述，但通常用于教学而非研究（Yin，2003）；第二种是用以说明案例中因果关系的解释性案例研究，它的目的在于对某种问题或现象进行普适特征的归纳。通过对案例中隐藏的因果关系的提炼与分析，检验现有理论和假设；第三种是重在描述和展现个人意见的评价性案例研究，是研究者对案例表达的个人看法与观点（Eisenhardt，1989）；第四种是为了开拓新领域构建新内涵的探索性案例研究，主要针对未被探索的领域，或开创全新的研究视角以评价某一现象（孙海法等，2004）。

基于选取案例数量的不同，案例研究法还可以分为单案例与多案例研究（Siggelkow，2002，2007）。单案例研究因聚焦于某一典型案例，可以展开"解剖"式分析，从而形成对该案例的深入讨论和全面梳理，进一步获得丰富、翔实的研究资料。通常用于挑战和明确某个理论，或对既有理论的补充（Dyer & Wilkins，1991）。然而单个案例研究仅有助于解释清楚某方面的问题适用于对已有理论的批驳和检验，无法提取出整体的知识结构框架，因此不适用于系统构建新的理论。

多案例研究则是通过比较不同案例的差异特征，来获得多方资料的支持，从而对研究议题进行深入反思和总结，通常包含案例内分析（within-case analysis），即将每一个案例视为整体做单独且全面的研究；跨案例分析（cross-case analysis），即是在案例内分析的基础上对涉及的案例特征、差异与统一性等内容做进一步概括归纳。然而多案例研究因涉及案例相对较多，往往耗时费力，且其研究结果可信度与结论普适性更依赖于研究者的分析能力与专业素养等因素。

结合本书的特点和需要将应用解释性的单案例研究法。选择该方法的原因在于：首先，本书的重点内容之一是对开放式服务创新的形成机理进行分析，主要为解释利益相关者导向与开放式服务创新变量间的因果关系，因此解释性案例研究方法更加符合研究目的；其次，选择个案研究法，能够深刻洞察开放式服务创新的情境特征，更有利于本书全面深入地解释清楚开放式服务创新这一复杂现象的形成过程，进一步说明开放式服务创新的内涵及结构测量部分的内容；最后，本书对利益相关者导向对企业开放式服务创新的影响过程进行案例分析和解释说明，进一步增强结论的说服力和解释力。

（二）样本选择

在确定分析单元时主要遵循理论抽样原则，也就是在选择案例时有目的的考虑相关概念特征与理论观点。笔者选取西安陕鼓动力股份有限公司（以下简称"陕鼓动力"）为典型案例，将其作为样本案例进行开放式服务创新的研究。一方面，因为和征等（2020）的研究实证检验了该公司开放式服务创新模式的成功。另一方面，考虑如下基本标准：首先，案例企业须在商业模式创新过程中发生根本性改变，较好地体现出开放式服务创新的成长过程。并且陕鼓动力为服务化制造业企业，这类企业展现了从单纯产品生产向"产品+服务"组合供给的特征，在根本上转变经营理念创新了自身的商业模式，这对于探究开放式服务创新的过程具有说服力。陕鼓动力作为单案例研究对象，从制造并出售单一产品逐渐转向系统解决方案商和系统服务商，较好地体现了开放式服务创新的服务逻辑。而且在发展服务型制造的过程中，通过关注研究院、政府、金融机构、配套商、用户等利益相关主体的需求并合作以满足其价值主张，诠释了利益相关者导向的重要作用。这为开放式服务创新在实践运营中如何突破既有模式的束缚而形成新的管理流程提供了鲜明的启示。其次，案例企业必须具有一定的典型性和启发性（Eisenhardt，1989），即在行业内具有较好的业绩，同时经营模式也具有一定的新颖性。陕鼓动力作为一家专注于能源产业的大型骨干企业，从 2002 年起不断赶超同行业企业，并在企业文化、创新、质量等方面获得国内与国际的认可，收获众多奖项，逐渐成为中国政府重点推荐的楷模企业，本土企业竞相学习和效仿的标杆企业。该企业自 2001 年开始转变发展制造业服务化战略以来到现今近 20年的时间里，已实现了向服务型制造的跨越并取得了巨大成绩，其经营管理理念和战略模式已经得到实践的证明。这种成功的经历本身具有较强的典型性，因此在陕鼓动力探讨开放式服务创新的形成，不仅符合案例研究的基本要求，也为中国战略管理实践未来的发展提供借鉴和启发。最后，案例企业存续的时间需达到一定长度，以便能够取得足够的案例资料，为后续分析提供广泛的资源支持。陕鼓动力作为世界 500 强企业之一，能够从媒体、网络平台和数据期刊库等多种途径获得资料。这有助于对多元化资料进行交互比较与整合分析，同时能够应用三角验证的方式增强研究说服力。

综上所述，本书选择西安陕鼓动力股份有限公司作为研究样本，应用解释性单案例研究的方法，对开放式服务创新的结构内涵，和利益相关者导向与开放式服务创新的因果关系进行解释，从实践角度说明开放式服务创新的成长过程。

（三）案例内容的收集、整理与分析

1. 数据收集与研究设计

Yin（2003）提出案例研究的资料来自文献、档案记录、访谈、直接观察、参与性观察和实物证据等。而每种数据源也有各自适用性，如组织内部资料和文档帮助研究者及时了解组织的现状和总体情况，以形成大致的研究思路；年鉴与档案等具有较长时间跨度有利于对案例进行纵向的追踪，能够为揭示研究案例的发展脉络和演进过程提供较为丰富的素材；实地观察与访谈获取的资料，有利于研究者探索本质，灵活应对以挖掘案例现象背后的理论与规律（Chesterton，2008）。另有研究根据数据来源的原始性区分了一手数据与二手数据，如案例研究中常用的访谈、实地观察等，与被研究对象发生接触以获取的数据均为一手数据；二手数据则是来源于其他途径（政府机构、商业公司和电子数据库）的档案、文件和实物等资源（Hox et al.，2005）。Miller（2017）提出叙述型文献，如商业案例和企业传记，能够作为二手数据资料用于学术研究。

结合本书需求，主要采用三角验证的方式收集多层次和多类型资料，以增强研究结果的准确性（Yin，2003）。这些数据来源主要包括：第一，有关于陕鼓动力的集团动态、企业文化、经营状况、收入和利润等基础资料。因为陕鼓动力为上市公司，在证券类报刊和网站中都能进行实时查询，如《证券时报》、《中国证券报》、凤凰财经网等。第二，根据媒体公开报道的视频、音频等转换的文字资料和媒体文字资料，主要来自网络新闻媒体。第三，围绕陕鼓动力开放式服务创新及与之相似的企业活动（如服务创新、商业模式创新等），进行全网及主要中文与英文学术期刊库的检索以获取的公开资料及文献资料，如中国知网。

结合本书目的，同时参考学者欧阳桃花（2004）的案例研究方案，将遵循如下五个步骤展开分析：①结合案例企业，确定研究议题与研究目的；②通过文献综述提出变量之间的因果关系假设；③规范地撰写研究案例，使读者形成清晰、充分的认知；④详细严谨地剖析研究案例，验证变量间因果关系；⑤总结案例研究结果并得出结论，展望未来的研究方向。与此同时，为了说明利益相关者导向

对开放式服务创新影响机制的理论框架及变量间关系，需要深入剖析、解构研究案例。所以，在案例分析中会结合内容分析法与因果图分析法辅助说明。

2. 内容分析法

内容分析法（content analysis）是一种定性与定量相结合的研究方法，多用于有理论预设的情况，以定性的问题假设为出发点，在文字内容中找出反映本质内涵又易于计量的特征，从而使文字内容转为可描述的资料并进行分析得出结论。适合于分析烦琐复杂的资料，因为对这些资料作出系统和客观的评价往往超出了个体的分析能力。通过内容分析法能够从大量的定性资料中找出隐藏的客观规律，对于从定性材料中总结出客观性的结论具有重要意义。

本书中，通过解释性案例方式深入分析陕鼓动力开放式服务创新在利益相关导向作用下的形成过程，主要基于大量的定性材料从中解释变量之间关系并总结规律，因此内容分析法非常适宜此项研究（刘晓璇和林成华，2019）。具体来说可从如下步骤进行：

首先，根据上述收集的资料建立分析单元。从特定的材料中挑选出一段表达某一层含义的文字内容，这段文字就是一个条目，将这个条目按照我们预先设定的类别进行归类的过程就是编码。由于本书中所收集的陕鼓动力相关信息大部分都是文本内容，核心变量开放式服务创新、利益相关者导向、资源拼凑、知识共创均为抽象和复杂的概念，很难用体现核心概念的短语进行描述，因此本书主要选取句子作为最小的分析单元。

其次，遵循模式匹配的原则对案例资料进行编码。为确保编码的质量，邀请吉林大学企业管理专业的三名博士研究生作为编码员，对上述以句子为分析单元的文字内容进行编码。结合开放式服务创新的形成机制模型，确定了包含开放式服务创新、利益相关者导向、资源拼凑和知识共创四大类目，并将所有句子尽量编入这四大类目之中。

再次，评估编码结果的一致性。当三位编码员完成工作后，需要集体商议编码结果中出现的不一致情况，并进行最终修订和一致性评估，以确保研究结果的可信度。

最后，再次重返案例文本资料，重新进行文本编码，以确保文本资料中不再出现新的概念和类别，从而保证所划分类别的理论饱和。

（四）研究信度和效度

为提升本书的研究结果的信度和效度，将遵循 Yin（2003）提出的数据收集与分析准则，以确保案例研究过程的严谨性与科学性。首先，研究样本来源为多元化途径，不仅包括网络媒体等公开渠道获取的陕鼓动力企业文化、集团动态、营利收入等活动及基本经营现状资料，还包括围绕陕鼓动力开放式服务创新等概念检索到的公开资料、学术期刊库的文献资料等。这些来源不同的资料能够互为补充，为案例分析提供丰富的资源支持，实现了"三角资料"检定法则（Patton，1990）。不仅有效减轻可能存在的共同方法偏差，同时也有利于读者充分全面地了解案例企业。

其次，可信度检验。为了避免因为编码人员的主观认知与个体思维方式差异导致的分析结果产生偏差。本书力求增强资料来源多元化，并在确保编码人员的学术素质的基础上，对参与编码的三名人员的评分一致程度进行检验。Kolbe 和 Burnett（1991）提出评分一致程度能够体现内容分析的信度，也被称为编码者间信度，表明编码者处理相同资料并将其归纳于特定类别中的判断一致性。借鉴 Holsti（1969）基于评分一致程度提出的编码者间信度公式，对内容分析结果的编码一致性信度进行评定，计算公式为：

$$r = \frac{n \times S}{T_1 + T_2 + \cdots + T_n} \tag{5-1}$$

其中，n 代表编码者的数量；S 代表编码者得出一致编码的数量；T_n 表示第 n 个编码者的编码数量。当编码一致性系数较高时，认为编码结果的信度较高，分析结果具有可信性与一致性。当系数达到 0.9 以上时，认为编码一致性较好（Bos，1999）。根据本次编码的结果，三位编码人员的编码一致性系数为 0.94。因此，可以认为本次案例研究中的编码结果具有较高水平的可信度。

最后，有效性检验。本书采用内容效度检验分析结果的有效性。为了提高内容效度，本书中关于开放式服务创新、利益相关者导向、资源拼凑、知识共创等变量类目表的编制，均基于系统的文献梳理和严格的概念界定，理论基础翔实，且前文也重点说明了理论假设与模型的可行性。

同时，在具体编码之前，笔者向编码人员重点阐述了与编码相关的变量内涵及其存在的逻辑关系。当编码过程中出现分歧，会增加讨论环节对有异议的观点充分商议直到达成一致意见。最终使编码归类的语句均可准确反映出类别的内涵。

<h1 style="text-align:center">三、研究结果与分析</h1>

（一）西安陕鼓动力股份有限公司简介

西安陕鼓动力股份有限公司（以下简称"陕鼓动力"），成立于1999年，是以陕西鼓风机（集团）有限公司（始建于1968年）作为生产经营主体和依托发起设立的股份公司。陕鼓动力的证券代码为601369，主要致力于对分布式能源提供系统解决方案。

经过20多年的发展，截至2019年12月31日，公司注册资金达到1676730233元，在岗员工2921人。目前，陕鼓动力紧抓分布式能源产业成长机会，形成了能量转换设备制造、工业服务、基础能源设施三个主营业务板块。第一板块，能量转换设备主导产品包括轴流压缩机、离心压缩机、能量回收透平装置、四合一硝酸机组、空分机组、汽轮机等，它们均属于节能环保的高效产品。第二板块，工业服务涉及对设备的全生命周期健康管理、EPC、金融业务、投资业务等。第三板块，基础能源设施着力开拓分布式能源智能一体化平台、气体业务、热电联产、冷热电三联供、水务一体化、生物质发电及垃圾处理等。目前，陕鼓动力已于2010年4月在上海证券交易所A股上市，其营销和服务网络遍及全球。公司成立20年来的发展历程及所获的荣誉如表5.1所示。

表5.1 西安陕鼓动力股份有限公司发展历程及所获荣誉

年份	重大事件
1994、2001、2004	公司先后通过国际质量（1994）、环境（2001）和职业健康安全管理（2004）体系认证
2006	"陕鼓动力"商标被国家工商行政管理总局认定为"中国驰名商标"
	"陕鼓动力品牌"被商务部授予"2006最具市场竞争力品牌"
2009	荣获"全国质量奖"

年份	重大事件
2011	被授予"全国企业文化示范基地"称号
2013	获得首届政府质量奖——中国质量奖提名奖
2014	获得"中国工业企业示范企业"荣誉
2015	承担了工信部《动力装备智能服务云平台试点示范》项目
2016	荣获"中国质量奖提名奖",公司"冶金余热余压能量回收同轴机组应用技术"成功入选《国际"双十佳"最佳节能技术和实践清单》
2017	陕鼓动力轴流压缩机被国家工业和信息化部、中国工业经济联合会评为制造业"单项冠军产品"
2018	获得"全国绿色工厂"称号
2019	风机零件再制造的表面工程技术开发及应用二等奖
2020	国家技术创新示范企业名单

(二)案例背景介绍

1. 服务化战略及目标

自 2001 年开始,陕鼓动力提出并积极推进"两个转变"发展战略,一是从单一产品制造商向分布式能源领域系统方案解决商与服务提供商转变;二是从单一产品经营向客户经营、品牌经营与资本经营的多项经营转变。自此,陕鼓动力开始正式踏上服务转型之路,基于服务主导逻辑采取了一系列内部改革与外部条件适应措施。

陕鼓动力的服务化战略实施过程历经了初级到高级的转变。在初级阶段,陕鼓动力主要对其核心制造产品向用户提供专业服务。对此,陕鼓动力内部将其称为"同心圆放大"战略。即在为客户供应产品的基础上,附带维修、技术等关联服务,从而依托产品的交易拓展服务内容与经营范围。2008 年,陕鼓动力在经济危机中谋求转型发展,开启"转型换跑道"的战略布局,聚焦于用户的运营流程开发出更广泛的服务业务,逐渐开始迈入服务化战略实施的高级阶段。

陕鼓动力先用"做减法"的方式放弃了部分低端业务环节,又通过"做加法"的手段强化了核心竞争中更有潜力的重要服务。再继续通过"做乘法"实现系统交互集合从而为用户提供系统的服务解决方案。

2. 协同发展的技术路径

多年来，陕鼓动力的核心领域一直是分布式式能源，经过不断强化已经具备国内外前沿的技术研发能力与商务服务经验。自 2014 年以来，陕鼓动力在深化服务战略改革的过程中取得阶段性进展，逐渐从鼓风机产品生产转战到为石油化工、电力能源、大型装备制造、传统制造、智能化系统园区等众多领域提供全生命周期设备管理和服务支持。

2019 年陕鼓动力的年报公开数据显示，陕鼓动力在积极推进国际化战略的进程中，顺利实施多项海外并购，有效整合分布全球的技术资源，充分发挥出技术协同效应。例如，在发电与能量循环领域，成功实现了在超临界二氧化碳布雷顿循环技术、有机朗肯循环技术（organic rankine cycle）、高效一体机技术、生物质快速热解技术以及动态平衡能量系统优化技术方面的突破。陕鼓动力在加强技术的同时通过海外并购经验累积逐渐提升了商务融资、金融协商等协同管理能力。

3. 高效稳健的绩效结果

陕鼓动力历年来的财务运营绩效表明，企业财务稳健、运作高效，坚持走质量效益型发展道路，不论从全员劳动生产力、人均销售还是从人均利润方面，均为行业中的佼佼者。自服务化战略以来，公司以主导产品为辐射中心，不断向分布式能源领域系统方案解决商和客户经营、品牌经营与资本经营等多项经营转变。依靠成套设备和技术支持，陕鼓动力成了行业内最优质的客户系统化集成方案提供商，并在多领域投资业绩显著。

公司目前运营情况稳定，2010~2020 年公司主营业务收入及净利润保持稳步上升的趋势，2020 年截至第三季度报表显示，已实现营业总收入 58.70 亿元，同比增长 11.5%，陕鼓动力已成为助力中国工业经济高质量发展的一支主力军。无论在国内市场的占有率还是业务订单的增长率都处于行业领先水平。2010~2020 年具体经营数据如表 5.2 所示。

表 5.2　2010~2020 年具体经营数据　　　　　　　单位：亿元

时间	主营业务总收入	实现净利润
2020 年（截至第三季度）	58.70	5.64
2019 年	73.00	6.03

时间	主营业务总收入	实现净利润
2018 年	50.39	3.50
2017 年	39.58	2.41
2016 年	36.07	2.40
2015 年	42.21	3.59
2014 年	48.61	5.24
2013 年	62.89	9.16
2012 年	60.42	10.26
2011 年	51.50	8.33
2010 年	43.50	6.65

（三）陕鼓动力开放式服务创新解码分析

根据文本资料编码结果，发现陕鼓动力成功的经营模式可以用开放式服务创新概念予以描述。下面根据开放式服务创新内涵与结构，本书将从服务逻辑思考、开放式整合途径和服务型商业模式三个方面对陕鼓动力的开放式服务创新进行分析。文本资料主要来源于新闻媒体资料、学术文献资源和公司公开信息等。

1. 服务逻辑思考

陕鼓动力为了满足燃油、化工、煤炭等各领域用户的专业化、定制化、清洁化工业流程需求，除为市场和用户提供以软性服务为主的服务供给和以硬性服务为主的物理部件或设备外，还基于差异化的服务需求，运用系统思维规划"专业化+一体化"的综合解决方案。

另外，陕鼓动力为满足市场多元化的能源需求，整合了超临界二氧化碳系统技术、高效一体机技术、生物质快速热解技术以及动态平衡能量系统优化技术，创造了"能源互联岛"，并结合逐渐升级的"互联网+"模式、大数据技术提出了多套一体化的"互联网+能源"服务解决方案。这不仅实现了煤化工行业能源设备全生命周期的在线问诊与检测服务，而且完成了智能化的系统与装置升级，使技术互联在全球内实现有效运营，从而为陕鼓动力的国外设备提供远程监测与故障判断等服务。

同时，陕鼓动力较早组建了专业化的机械维修维护团队，为用户提供一站式的售后维修服务。依靠坚实的专业化技术优势，企业为用户提供透平机组（透平机是将流体介质中蕴有的能量与机械能相互转换的机器）的安装调试、协调、设备设施检测维修服务与升级更新改造服务。

2. 开放式整合途径

从 2002 年开始，陕鼓动力与外部供应商合作，借鉴其在改造工艺流程方面的经验对非核心制造环节进行有序调整，包括重构的 12 项业务，转移了 700 名左右的员工，缩减了原先的 11 个车间到现有的加工车间和总装 2 个车间，并撤销了企业设备部和运输部两个部门。陕鼓动力将机床维修业务通过市场招标实现外部化，并把运输业务交付社会资源执行，从而能够把现有的资源分配给更有价值的服务产业项目。这些服务业务包括设备服务、能源联合系统的支持服务，全生命周期的设备管理。

2003 年，陕鼓动力与华陆工程科技有限公司签订协议建立了合作关系，陕鼓动力在机组设备、制造流程方面具备技术优势，华陆工程科技有限公司在人力资源方面提供高端技术工程人员，他们以交钥匙工程的国际商务方式进行工程管理以实现技术分享与合作运营，先后在 10 余个项目中协作联合为用户提供系统解决方案。同时，两个企业签订了战略合作的长期协议，不仅实现了双方在产业方面的资源互补，还在天然气、石油、工业气体和污水排放处理等方面制定了发展策略，并在企业文化与管理制度方面保持深度交流，一致寻求双方企业的协同发展。

2016 年，陕鼓动力与河北太行钢铁集团有限公司就 600 万吨钢铁的搬迁与重组改造项目进行深度沟通与交流，并签署了战略合作伙伴协议，协议涉及市场开拓、全生命周期的设备维修与管理，通过市场资源、技术技能的现实共享与联合研发寻求陕鼓动力与河北钢铁的共赢。

同年，陕鼓动力还与大连派思燃气系统股份有限公司签订了战略合作伙伴协议。双方在分布式能源的技术开发和市场延伸方面分享资源。陕鼓动力依靠与大连派思的信息对接，在技术研发、采购管理和融资服务等领域加强项目合作，实现双方的资源互补和共同发展。

3. 服务型商业模式

2002 年，陕鼓动力经讨论展开了改制活动，在此之前主要向客户销售单纯的鼓风机产品。当时陕鼓动力在鼓风机领域已经处于龙头地位，然而本年的营业收入只有 4. 86 亿元。陕鼓动力及时对现状进行调整，总结出单纯依靠产品难以突破盈利增长的圄限，提出制造服务化主张以拓展产品以外的价值增长方式。确定了以服务为导向的销售与服务策略，即拓宽产品的配套为客户提供全方位的问题解决方案，呈现出"市场+技术+管理"的产品提供商兼服务提供商的运营模式。当前，陕鼓动力更是立足于用户的多元化与个性化需求，构建了"装备+工程+服务+运营+金融"的一体化全新商业模式。

陕鼓动力整合内外部资源，通过交钥匙工程实现商业模式的变化，将部分项目的管理权与所有权依照契约交给合作方经营。2003 年，陕鼓动力调整产业结构，转变经营模式联合行业内 56 家生产相关配套设备企业，不仅对自身配套资源进行优化管理与重组，还调动了各种与产品相关要素进行整合。其中包括德国西门子公司（Siemens）和美国通用汽车公司（General Motors）等许多世界知名公司，为交钥匙工程式的国际商务模式提供支持。2006 年，陕鼓动力组织 46 家协作配套与合作单位就某一行业、主题的业务模式创新进行集中讨论，包括如何向市场和用户提供系统、个性化服务和解决方案，如何设计快速反馈的服务体系等，涉及运营流程变化等具体问题。2017 年，陕鼓动力在智能制造发力，依托大数据技术逐步完善动力装备运行维护与健康管理智能云服务平台，用以支持相应商业生态圈及价值链的共赢发展。

（四）陕鼓动力利益相关者导向解码分析

根据本书的文本资料编码结果，发现陕鼓动力始终践行利益相关者导向战略，这也是它能够维持竞争优势的重要条件。在下文中，参考文献综述部分对利益相关者导向的内涵维度研究，将从股东导向、员工导向、竞争者导向、顾客导向四个方面对陕鼓动力的利益相关者导向进行详细的概况与解码分析，其中，文本资料主要来源于新闻媒体资料、学术文献资源和公司基础的公开信息等。

1. 股东导向

陕鼓动力于 2010 年 4 月上市，作为上市公司如期召开股东大会，发布公司的年度报告，切实履行公司股东的知情和监督等权利。在陕鼓动力的公开承诺中全面地表达了对股东利益的保护：在第二章记录了股东和债权人权益保护的相关事宜；在第六条明确了公司平等对待股东及债权人的协议，确保股东及债权人充分享有法律法规政策中包含的各项合法权益；在第七条中明确了公司需在合理的时间、地点定期召开股东大会，并采用公平的方式和网络投票方式，便于使更多的股东参与会议并行使权利；在第八条中明确了公司需履行对信息披露的义务，需对可能影响股东或其他投资者决策的信息进行及时披露，以公平的形式对待股东并保护他们的权利；在第九条中明确了公司在制定运营策略中要考虑利益相关者的需求，在规划长期稳定利润分配时要基于充分的沟通与合理的渠道方式。对于利益相关者的合理需要给予积极回应。

2. 员工导向

陕鼓动力建立了人才培养及激励机制。公司的老员工和骨干员工在陕鼓动力都持有股份，以激励员工的主人翁意识。同时为员工搭建了健康发展的职业生涯平台，使员工具备不同的晋升通道。陕鼓动力也为优秀的骨干员工提供更舒适和良好的工作环境和生活条件。2004~2014年，陕鼓动力搭建了全部员工的普惠体系。以员工需求为导向，陕鼓动力为每个员工建立业绩档案，并启动企业的年金福利以减轻员工日常开销负担。为员工提供商业保险，构建了管理检测员工健康的紧急救助体系。为员工进行生涯规划，开拓员工的发展机会和辅助职业晋升。经过一系列惠及员工的举措，十年前，"陕鼓动力的停车场就已经是一位难求了"。这间接反映了陕鼓动力对员工的关心和员工对陕鼓动力的认可，亦证明了员工导向的成功。

陕鼓动力的领导者也非常关心员工的生活状态。前董事长印建安曾很自豪地说，给予员工好的福利待遇是一个企业最基本的责任义务，也是能做到的最基本的事情。他提出，要做好一个企业，领军人除了心怀梦想，心存敬畏，心无旁骛，重要的是要心系员工。

3. 竞争者导向

陕鼓动力积极向同行业企业考察学习，在印建安上任陕鼓动力领导者后，马上连续走访了三家行业内的优秀企业，其中包括国企沈阳鼓风机集团股份有限公司；行业内最早的民营上市企业浙江上风高科专风实业有限公司；还有国外的同行业顶尖企业德国曼集团（Maschinenfabrik Augsburg Nürnberg）等。印建安带领团队与同行业优秀企业积极往来，认真学习，在历经系统的调研、思考与实践后逐渐形成了清晰系统的经营思路。此外，陕鼓动力认真分析诸如西门子（Siemens）和日本三井公司（Mitsui Group）的经营模式，发现它们尽管产品的价格相对较高，但为用户提供了一整套超越产品本身价值的系列服务，包括技术支援、金融服务和工程开发等与产品相关的全套解决方案。而用户愿意为了产品之外的服务付出更高价格。

尽管国外很多同行业公司获取了大量的陕鼓动力潜在用户，很多竞争企业所赚取的利益也远超陕鼓动力，但陕鼓动力并没有与之为敌仍愿意坚持和它们维系有序关系。经过系统学习和持续部署，陕鼓动力未受到制度和技术惯性羁绊，而是逐渐转型升级，向系统方案解决商和品牌经营与资本运作的两个发展战略转变。

4. 顾客导向

陕鼓动力在推进首钢和宝钢的项目过程中，依据用户的特定需求提供定制化解决方案，逐步确立了以客户为核心的经营销售理念。并委派专业技术人员负责对检修期间的日常生产活动进行协调。帮助用户对引进的国外设备进行国产化功能的改造，使之更加具备本土环境的适应性和良好的使用性能。陕鼓动力立足用户需求整合内外资源创新销售模式，从而跳出了"单一产品供应商"的惯性陷阱，为用户提供以知识密集、高附加值为特征的系统解决方案服务。

在融资服务方面，陕鼓动力立足用户需求和项目特征，通过"卖方信贷买方付息"方式，探索组合生成了具有国产特征和市场制高点的高炉煤气余压透平发电装置项目（Blast Furnace Top Gas Recovery Turbine Unit，TRT）。另外，陕鼓动力将 EMC 应用于变频节能改造项目，使融资服务在传统市场上成功运用，帮助资金链短缺的客户维系项目继续进展的动力，实现了与客户共赢发展。

（五）陕鼓动力资源拼凑解码分析

根据本书的文本资料编码结果，发现陕鼓动力具备较高的资源拼凑能力，是陕鼓动力成功转型的关键原因。在下文中，根据分类领域的不同将资源拼凑分为实物拼凑、人力拼凑、技能拼凑、市场拼凑、制度拼凑（Baker & Nelson，2005），据此对陕鼓动力的资源拼凑能力进行详细的概括与解码分析，其中，文本资料主要来源于新闻媒体资料、学术文献资源和公司基础的公开信息等。

1. 实物拼凑

早期制造加工过程中，陕鼓动力备件库的资源浪费情况极其严重，但却未能得到管理层的重视。这一阶段，用户拥有多少台不同的设备，就需要匹配多少不同的零配件。或者即使拥有设备的型号相同，不同用户也要各自掌握一套对应设备的零配件，从而造成大量闲置的零件设备，占用了库存并增加了管理费用。针对此现象，陕鼓动力对这些闲置配件进行系统归类，分出几乎没有差别的毛坯配件和对应不同系列化设备的差异化配件。并据此为不同设备用户提供配件服务，从而发挥了这些闲置配件的价值，降低了通用设备及配件在陕鼓动力的储备量。

2. 人力拼凑

在人力拼凑方面，陕鼓动力对业务流程部门进行调整，重新组建 28 个部门，减少处级建制 12 个，对 54 个业务项目进行调整，从而推进企业的扁平化组织建设，搭建了现代企业组织的新架构，改变了旧有制度中人浮于事的资源浪费现状，最大限度地发挥人力资源和团队建设的效用。在进行调整的部门中，考虑到一些部门的闲置人力较多，陕鼓动力裁减了设备维修、运输、木材制作和备料下料等业务，将设备维修与保养业务部门的人员重组到产品服务中心。并将其他三组业务外包给具有相应技术优势的专业公司。

3. 技能拼凑

陕鼓动力除致力于核心的鼓风机产品及其系统解决方案服务外，还会开发一些金融投资项目，然而企业内的员工多擅长技术与制造，缺乏具有金融理财专业的人才。为了避免投资不专业给公司带来损害，陕鼓动力邀请大学及科研机构金融领域的教授到公司挂职锻炼，并对企业的投资项目进行系统推进。

陕鼓动力还启动"风之子"项目，对每年招聘的百余名大学毕业生进行有计划培养。作为职场新人的应届大学生具有知识结构新而学习能力强的优势。因此，除了提升职责范围内的工作技能，陕鼓动力还开放生产车间、支持部门等供新员工学习不同环节知识，并启动课题项目鼓励员工在多元化领域学习新技能。

4. 市场拼凑

陕鼓动力在市场营销中逐渐认识到，产品销售过程中不能一厢情愿地买产品，而要切实定位用户的需求。时任领导带领团队认真分析发现整个业务流程中，用户关心的是产品的功能，而非鼓风机是轴流式还是离心式；发现用户在意的是问题的解决方案而非提供某个机械或零件；发现用户需要的是专业化服务，而非既定的流程。在定位这些市场需求后，陕鼓动力逐步转变市场策略，化身为机械系统的供应商和服务商，并认真分析每个工程项目计划的自身特点启动交钥匙工程（turn-key project），从而最大限度地适应客户的需要。

5. 制度拼凑

作为国有企业的陕鼓动力，想要突破体制的局限却无法通过激进的变革方式，这决定了陕鼓动力革新现有组织结构和制度惯例，也就是通过制度和文化宣导的方式，进行组织内部的调整和重组。从企业组织内部的制度逻辑出发，陕鼓动力开展了一系列以用户为导向的规划设计来引导企业行为。形成于内有序管理，于外用户主导的经营服务格局。从内部的制度调整结果来看，上达高管下至车间普通的工作人员，都形成了联动运作，环环相扣的交付链，最终可以使陕鼓动力成为高效的学习型组织，具有强大的学习意识和团队合作动力。

（六）陕鼓动力知识共创解码分析

根据本书的文本资料编码结果，发现陕鼓动力具有较高的知识共创能力，是陕鼓动力获得成功的重要原因之一。在下文中，笔者将从内向型知识共创和外向型知识共创两方面（范钧和聂津君，2016），对陕鼓动力的知识共创进行详细的概况与解码分析，其中，文本资料主要来源于新闻媒体资料、学术文献资源和公司基础的公开信息等。

1. 内向型知识共创

陕鼓动力为了寻求工业互联网的发展路径，向美林数据股份有限公司和易点天下网络科技股份有限公司考察学习。通过借鉴分析美林和易点天下互联网应用的实践案例，陕鼓动力融合了自身需求，逐步强化数字化与智能化在制造过程中对陕鼓动力转型升级的作用。在与两家互联网公司的全面合作中，陕鼓动力确立了以工业互联网为中心的智能制造为企业发展的主要驱动力，借鉴优势企业在大数据应用方面的知识经验，开启了产品互联网营销的全新模式，促进了陕鼓动力在工业互联网、数字化、智能制造等方面的提升。

陕鼓动力与西安交通大学和深圳市创为实技术发展有限公司联合研发了面向产品的专业化设备远程诊断服务。该服务系统能够增强用户黏性，使陕鼓动力及时获取来自用户端口的一手信息，准确识别并接收客户维修改造设备的指令，从而实现对服务需要的快速响应。同时，用户也可以因此享受到更加智能化和高质量的服务，愿意将更多需求信息与之分享，有机会和意愿提出具有创造性的想法，这都有利于陕鼓动力产品性能的提升。

2. 外向型知识共创

陕鼓动力以技术为手段，市场为导向，构建知识产权战略蓝图，将自主化知识成果转化为知识产权，由经营单一设备产品的传统制造业企业，逐渐转变成为用户提供系统解决方案和服务方案的大型装备制造企业。

在知识的外部化过程中，陕鼓动力构建了完善的知识产权管理体系，不仅采用集中与分散并行的管理办法，还针对专利权、商标权、著作权、计算机软件著作权、商业秘密管理、科技成果等，进一步规范知识外部化流程。此外，还成立了"知识产权管理委员会"，委员会常设机构为"公司知识产权管理办公室"专职进行知识产权的管理。同时还与多个外部专家和企业在知识产权的专业事务方面保持有序的互动，为长期工作提供基本保证。

四、因果图分析

因果图分析法（causal mapped）由 Nadkarni 和 Narayanan（2007）提出，它是以内容分析为基础，从文本语料库中选择与研究目的匹配的核心概念，然后将其放入因果联系中进行统计分析。同时，绘制因果关系图，能够得到思路清晰、内容简洁的分析结果，也更容易提炼并梳理出各个类别之间的逻辑关系。结合 Nadkarni 和 Barr（2008）的因果图分析过程，笔者将遵循如下步骤展开分析：

首先，选取因果关系语句。请三名编码人员对研究者提供的文本语料库进行语句分析，从中选取具有因果关系的句子，因果关系在句子中通常包含"因为""所以""才""为了"等关系词，将这些句子放在一起用于继续研究。

其次，建立初始因果链。请编码人员对上一环节选择的存在因果关联的句子进行分割。将其分成"原因""连接词""结果"三个部分。依照这一步骤建立初始因果链。

再次，编码并归类初始概念。对分割好的语句进行内容分析，提炼出利益相关者导向、资源拼凑等初始概念，即是编码的过程（Nadkarni & Barr，2008）。再对这些概念进行归类，划分到内容分析法环节所编制的类目。

最后，绘制因果关系图。结合编码与归类获取的类别作为关键词绘制因果关系图。为了避免编码者自身的偏见、信息不对称和个体认知对编码产生影响，编码人员应对存在分歧的编码结果及时探讨与修订，直至达成共识，具体如表 5.3 所示。

表 5.3 因果图分析

步骤	因果图内容	陕鼓动力案例
步骤 1	语句确认	陕鼓动力发现用户并不关心风机是轴流式还是离心式，不关心单个产品，所以改变单一服务观念，逐步转变为机械系统的供应商和服务商
步骤 2	初始因果链	发现用户不关心单个产品→提出转变为机械系统的服务商
步骤 3	提取原始概念	发现用户不关心单个产品属于市场拼凑；提出转变为机械系统的服务商属于内向型知识共创
步骤 4	概念归类	市场拼凑属于资源拼凑；内向型知识共创属于知识共创
步骤 5	修正因果图	资源拼凑→知识共创

1. 利益相关者导向对资源拼凑的影响

陕鼓动力以用户为导向在积极追踪用户需求和分析用户反馈的过程中发现，鼓风机设备的专业化程度较高，为了防止系统出现问题而导致全面停产，会在购买设备的同时配备一些易损的专业化备件以防止设备故障带来的问题。然而客户要为这些备品备件提供储备空间，还要支付更多资金和保管费用。陕鼓动力在与客户的交流互动中了解到这些问题。因此提出了解决办法，陕鼓动力建立了自己的备件库为用户提供备件服务，实际上对备件资源进行重新分类和重组，并发挥出各类备件资源的服务价值。主要的做法是将系列化程度较高的设备配件和毛配件分类出来，仅作少量储备；将关联相同设备的特殊备件分类，提供给具有相同备件需求的几家客户。此时，当客户具有更换备件的需求，或远程检测到设备出现故障，即立刻从备件库提取出所需备件，提前运送或紧急空运到客户现场。

2. 资源拼凑对知识共创的影响

陕鼓动力在实践中发现企业下游的客户手中会有很多项目但因为缺乏资金只能停止，于是将产品与融资环节组合，开始寻求将产业资源与金融资源系统组合的方案。陕鼓动力发现了这些核心业务以外潜在资源的重要价值，为有效开采并利用，陕鼓动力将金融机构、从事产品及各种配套服务的核心企业和客户企业相互联合。使各主体发挥所在领域的资源和知识优势，其中核心企业与客户企业通过市场联系引入金融机构向客户提供贷款，辅之核心企业向客户企业的回购机制来降低金融机构的贷款风险。通过对产品市场与金融市场的重组，各主体的知识价值充分发挥，金融企业、核心企业与客户企业之间共同创造了融资服务模式实现了三者的共赢。

3. 知识共创对开放式服务创新的影响

随着专业化分工越来越细，陕鼓动力逐渐开始聚焦自身的核心业务，不断加强与具有独特知识优势的专业提供商之间的互动。在燃料供应方面，大连派思作为国家级高新技术企业，擅长燃气应用方面的产品设计、生产、渠道销售与服务。陕鼓动力与大连派思签订了战略合作伙伴协议。约定双方将在能源领域的技术研发和市场开拓等方面进行合作。在合作中，大连派思提供包括燃气输配系统、燃气应用系统和备品备件产品与服务，为陕鼓动力打造全方位的系统解决方案和系统服务技术支持。同时，陕鼓动力以新型节能环保技术与分布式能源为优势，与大连派思共同基于装备制造主业进行产业延伸，打造了一整套开放的、完整的、统一的、先进的一体化综合园区平台。

可以说在陕鼓动力与大连派思知识分享与创造的过程中，双方企业实现了信息与市场的互通，在技术研发、采购管理、融资服务、项目合作等方面加强合作，优势互补。这都不断推动陕鼓动力开放式服务创新的成长。具体表现为：一是提高企业向服务型制造的业务拓展与服务水平，在合作中增强了陕鼓动力为用户提供水、冷、气、电、暖、安全、消防等全方位能源管理的系统解决方案；二是继续深化陕鼓动力与战略合作伙伴建立的广泛而深入的全方位合作关系，结合各自优势实现知识的互补，陕鼓动力和大连派思将继续在能源领域的技术研发和市场开拓方面实现开放式资源共享；三是陕鼓动力依托大连派思在天然气方面的优势，继续延伸"能源互联岛"思维，并在装备制造主业进行产业延伸，共同打造天然气管线及综合园区一体化生态平台。

综上所述，陕鼓动力的利益相关者导向战略对资源拼凑会产生正向影响，陕鼓动力的资源拼凑对其知识共创产生直接影响，知识共创对开放式服务创新产生直接作用。基于以上的因果链，我们可以进一步推断，资源拼凑和知识共创对利益相关者导向与开放式服务创新的关系起到了中介作用。

第六章　研究结论及展望

回顾前面五章的内容，先从"开放式服务创新"内涵入手，对这一构念及其相关变量的文献进行详细综述，开发了开放式服务创新的量表，然后分析利益相关者导向对开放式服务创新的影响机理，并应用问卷调查法和统计分析法进行实证检验，再结合解释性案例进行实践说明。本章将深入总结研究结论，并阐明研究的理论贡献与管理启示，在最后总结研究中存在的不足，据此指明后续研究方向。

一、研究结论

本书通过文献调研、半结构访谈、问卷调查、实证检验和解释性案例研究等方法，首先界定了开放式服务创新的内涵并提出三个维度，结合半结构访谈及内容分析结果开发了开放式服务创新的量表并通过实证检验，为开放式服务创新研究提出了本土化的测量工具。其次关注于利益相关者导向对开放式服务创新的影响机制，以商业生态系统理论为视角，同时依据社会网络理论和动态能力理论，对资源拼凑和知识共创在利益相关者导向与开放式服务创新之间的中介作用进行讨论，并对跨组织联结网络的调节作用进行分析，构建了理论模型并依据调研数据进行实证检验。最后通过解释性案例研究进一步说明量表与整体概念模型。基于此，本书得出以下结论：

（一）开放式服务创新的内涵维度及测量题项

本书分析界定了开放式服务创新的内涵，基于此，从商业模式创新视角提出结构维度，并开发了开放式服务创新的量表。学术界对开放式服务创新的维度划分方式存在"资源流动方向"和"服务创新"两种主要视角，对应不同结构维度和量表题项，然而这两种视角都没能体现开放式服务创新的整体概念特征且具有片面性。因此，本书从商业模式创新视角，依据概念提出者 Chesbrough 的研究通过半结构访谈与内容分析提炼出测量题项，再基于大规模数据调研进行实证检验，提出适应中国情境且能反映出概念特质的开放式服务创新内涵、维度及测量题项。

首先，基于对原始概念的梳理并结合本书需求重新诠释了开放式服务创新的内涵，提出开放式服务创新的定义为：从服务的角度重新思考一切业务，通过与利益相关者建立合作实现开放式资源整合，以促成服务型商业模式的升级到商业生态平台的构建。其次，结合商业模式创新的关键内涵提炼出开放式服务创新的三个维度，服务逻辑思考、开放式整合途径和服务型商业模式。其中服务逻辑思考是企业以服务为宗旨的战略模式重塑，以为客户提供更好服务为视角思考一切业务；开放式整合途径是企业积极将内外部资源、知识进行整合，并开拓内外部渠道进行市场化，以汲取异质性、多样化知识的过程；服务型商业模式是企业不断调整业务、收益等方式，通过内部结构调整与企业平台化实现向服务型商业模式的转变。最后，就这三个开放式服务创新的维度，结合半结构访谈及内容分析，提炼出开放式服务创新的 10 个测量题项并通过问卷调研的统计验证。这一量表能保证所有题项都尽量符合中国组织情境的实际情况，且具有较高的可信度和可靠性。

（二）利益相关者导向对开放式服务创新的影响路径

本书的一个重要发现是利益相关者导向对企业开放式服务创新具有正向影响。现有研究对开放式服务创新的成因分析，大多从跨界资源整合、社会资本等外部动态能力和外部压力等因素入手，重点探究企业外部创新资源获取的影响。尽管突破了企业内部封闭式资源整合的视角，但仍局限于通过外部资源为个体创造绩效的思维。然而，随着经济形态和产业环境的变化，创新范式从 1.0 的封闭式创新（closed innovation）、2.0 的开放式创新（open innovation）到 3.0 共生式创新（embedded innovation）不断演进。这种新形态的创新不仅聚焦企业个体创新过程的成长，而且是多利益相关主体间的共生和共同创新过程。因此，聚焦于利益相关集体并关注其有序关系的利益相关者导向战略会对企业开放式服务创新产生影响，也就是利益相关者导向对企业开放式服务创新的影响需要得到进一步的检验。

基于此，本书从共生视角探讨企业开放式服务创新形成的过程，关注于利益相关者导向对开放式服务创新的影响，结合商业生态系统理论、社会网络理论分析了利益相关者导向与开放式服务创新间的关系，并进行了实证检验，最终得出了利益相关者导向正向影响企业开放式服务创新的结果。

这说明企业需要重视与利益相关集体的互动和交流，创造良好的内外经营环境。在共生的、和谐的组织氛围与战略导向下，企业更容易与相关主体协同共生，互惠共赢，从而不断整合多元化资源并进行知识的迭代创新，这样能有助于企业开放式服务创新，为持续竞争优势打造良好的发展格局。

另外，基于社会网络理论的内容和动态能力理论的分析框架可以发现：一方面，利益相关者导向不仅对开放式服务创新产生正向的影响，还可以通过资源拼凑间接地影响开放式服务创新。利益相关者导向会使企业在与利益相关集体积极有序的互动过程中，对手边潜在、廉价资源有效地获取，进而将多元化资源进行创造性重组而形成较高水平的开放式服务创新。本书的实证检验，也验证了利益相关者导向通过资源拼凑影响开放式服务创新这一路径的成立。这意味着，企业想要有效实现开放式服务创新，在转型创新过程中如何获取利用手边潜在的资源是关键。本书的研究结论为资源管理升级提出了可行的路径，即通过"另辟蹊径"的方式来帮助企业得到来自利益相关集体的潜在资源，并进行资源"巧创"发挥更大价值，从而巩固资源基础为企业带来创新机会和能力。

另一方面，识别出利益相关者通过知识共创作用于开放式服务创新的路径。即利益相关者导向不仅对企业开放式服务创新产生正向的影响，还可以通过知识共创间接地影响企业开放式服务创新。本书的研究结论得出利益相关者导向，会使企业在与利益相关集体的互动交流与学习过程中，提高知识共创水平，从而推动与各类主体间的知识碰撞和新知识的产生，提高开放式服务创新的水平。

（三）跨组织联结网络的调节作用

本书的另一个重大研究发现是，一方面，在利益相关者导向通过资源拼凑产生开放式服务创新的过程中，跨组织联结网络在利益相关者导向与资源拼凑之间存在正向调节作用。同时跨组织联结网络对资源拼凑的中介效应存在调节作用。即跨组织联结网络水平越高，利益相关者导向战略对企业的资源拼凑影响越强，对资源拼凑的中介效应影响越强。

反之，跨组织联结网络水平越低，利益相关者导向对企业资源拼凑的影响越弱，对资源拼凑的中介效应影响越弱。这意味着越是在高水平跨组织联结网络的条件下，越是能彰显利益相关者导向战略对企业资源拼凑的正向促进作用，也会增强从利益相关者导向到资源拼凑，再到开放式服务创新的整个间接效应。

另一方面，在利益相关者导向通过知识共创产生开放式服务创新的过程中，跨组织联结网络在利益相关者导向与知识共创之间存在正向调节作用。跨组织联结网络对知识共创的中介作用存在正向调节作用。即跨组织联结网络水平越高，利益相关者导向战略对企业的知识共创行为影响越强。

反之，跨组织联结网络水平越低，利益相关者导向对企业知识共创的影响越弱。这个结论意味着，具有较高跨组织联结网络条件的企业，能积极地发挥利益相关者导向的积极作用，使组织更加投入于知识共创的活动当中，从而提高开放式服务创新水平。也就是说，跨组织联结网络能成为利益相关者导向影响企业资源拼凑和知识共创水平，并有效助推开放式服务创新发展的"动力"。因此，管理者想要有效实现开放式服务创新，发挥利益相关者导向的积极作用，可以利用跨组织联结网络的权变影响。

（四）利益相关者导向对开放式服务创新影响机制的案例研究

本书对第三章开放式服务创新的量表开发，第四章开放式服务创新在利益相关者导向战略作用下的形成机制这两部分研究进行案例说明。以陕鼓动力公司作为样本，选择解释性单案例研究方法，收集多元化途径的素材进行三角验证，主要结合内容分析与因果图分析对丰富的资料进行剖析，解释开放式服务创新在利益相关者导向作用下的形成过程。

案例研究结果表明，在陕鼓动力公司的发展与转型过程中，开放式服务创新的全过程贯穿于企业的主要行为当中，且主要表现为服务逻辑思考、开放式整合途径和服务型商业模式三个方面。并且利益相关者导向对企业开放式服务创新会产生直接影响，在分析陕鼓动力的过程中，实质性地展示了资源拼凑、知识共创在研究情境中的动态过程。以案例研究的方式对本书架构的理论模型进行说明，从而增进本研究开放式服务创新理论的解释力与说服力。

二、研究启示

（一）理论贡献

（1）厘清了开放式服务创新的内涵、维度，开发了开放式服务创新的测量量表，对开放式服务创新基础理论进一步补充完善。

基于对原始概念和相关研究的整合分析，明确了开放式服务创新服务逻辑思考、开放式整合途径和服务型商业模式三个重要组成方面。从商业模式创新视角开发了开放式服务创新测量量表，并通过内容效度及统计分析结果，对量表的信度和效度进行检验。这一研究有助于对开放式服务创新内涵实现准确认知，了解其作为一种新的商业模式的独特特质，而非开放式创新与服务创新的简单相加。最重要的是构建了全面的且具有本土适应性的开放式服务创新测量量表，为后续拓展开放式服务创新的研究，并构建开放式服务创新理论的整体研究框架奠定理论基础。

（2）结合社会网络理论、动态能力理论等系统地探索利益相关者导向对开放式服务创新的影响机制。

本书在开发开放式服务创新测量题项的基础上。首先分析利益相关者导向对开放式服务创新的重要影响，探寻了实现开放式服务创新的新因素，是对开放式服务创新理论研究广度的有益扩展。其次研究了实现开放式服务创新的新路径，推进利益相关者导向与开放式服务创新的中介机制研究，从而对利益相关者导向战略如何顺利展开以推动开放式服务创新的实现进行理论推演与实证检验。而研究结果的得出也拓展了社会网络理论等解释的范围，并进一步丰富开放式服务创新形成机制研究。

具体来说，一方面，本书将利益相关者导向视为企业战略规划，认识到企业与其多元的利益相关者之间存在着一个利益相关者网络，因此要系统考虑企业在制定战略和执行战略过程中的利益相关者问题。这是社会网络理论在管理战略制定执行中的应用和检验，不仅帮助本书识别出了影响开放式服务创新的重要因素，即利益相关者导向，补充了开放式服务创新理论，而且拓展了社会网络理论的解释环境与应用情境。另一方面，本书选取资源拼凑和知识共创作为中介变量，探讨在社会网络过程管理中资源配置的作用，即利益相关者导向如何能够推动资源拼凑进而实现开放式服务创新，并进行实证检验。因为从社会网络中汲取的潜在、廉价资源，可以经过创造性整合以推动开放式服务创新水平的提高。与此同时，探讨社会网络过程管理中知识管理的作用，即利益相关者导向如何能够推动知识共创进而实现开放式服务创新，并进行实证检验。因为知识的传递在社会网络中为利益相关者成员们共同学习和合作提供了机会，这会推动开放式知识流动及重组，有助于提高开放式服务创新水平。

上述研究结论是应用社会网络理论解释开放式服务创新成长中网络战略、网络资源、网络知识的复杂作用。将利益相关者导向视为自变量，将资源拼凑和知识共创作为中介变量探讨利益相关者网络如何通过互动实现开放式服务创新，是对资源拼凑和知识共创作为路径机制的进一步验证，更是对开放式服务创新理论研究内容的进一步补充。

（3）提炼了开放式服务创新研究的共生视角。

开放式服务创新在企业中的重要性日益凸显并得到了越来越多学者的关注。而现有关于影响开放式服务创新的研究十分有限，大多关注于外部环境压力、外部资源获取和整合能力对企业实现开放式服务创新的驱动因素和过程。这样的研究思路局限于对企业自身竞争力的强化，忽略了对现阶段生态环境中共生特征的思考，并且未从共生逻辑来探讨开放式服务创新的形成机理。

实际上，企业的成功已不仅是自身的绩效高于行业水平，而是在系统中的贡献力、领导力和塑造整个商业生态系统的能力，因为商业生态系统的前景才是影响企业未来发展的关键。从这个意义上说，依据商业生态系统理论，引入共生思想探讨管理战略与模式及其效果才是全面认识开放式服务创新的关键任务。因此，结合商业生态系统理论不仅有助于拓宽开放式服务创新的视野，解释共生对开放式服务创新的影响，同时也能够提炼开放式服务创新理论研究的新视角。

(二) 管理启示

(1) 有助于企业突破束缚实现开放式服务创新。

身处百年未有之大变局,国内国际秩序深度调整,技术颠覆不断打破既有格局并重塑产业链结构。为了应对日新月异的变化与挑战,仅仅局限于自利与自我竞争力的塑造显然难以支撑。此时以共生为着眼点,开放式服务创新依托于服务要素,以开放式形态构建创新平台,改变着创新的原有范式,促进了异质性资源的内外部有效整合与合理配置,逐步成为未来企业持续发展、共同发展的重要驱动力。本书的结论能够为实现开放式服务创新提供有益指导。

首先,从战略规划层面,企业要突破对单一经济利益的追求,从共生的视角出发依照多元化利益相关者的角度考虑企业在制定战略和执行战略过程中的利益相关者问题,包括确立一个以利益相关者识别、利益相关者行为分析、一般管理策略的形成、具体管理计划和综合管理计划制定为中心的企业利益相关者管理战略规划。

其次,企业在确定并与利益相关者进行互动过程中,要积极认识利益相关者网络资源对于企业的价值,树立拼凑思维并创造性地对这些资源进行重组,通过迭代的拼凑行为将宽泛的网络优势转变为其资源获取优势。另外,要关注利益相关者网络中存在的知识,在交流与互动过程中不断寻求知识的碰撞及知识体系的更新,使多个参与主体共同增长新知识。

最后,依托联结网络,利用网络的纽带作用进行正式和非正式的沟通与交流,增强各联结方的合作关系,促进利益相关者导向对开放式服务创新的实现。基于此可以看到,本书的研究结论能够在新时代、新技术和新经济形态下,帮助企业抓住创新范式转变的机遇,通过运用有效的战略决策、资源管理和知识运用等手段,推动服务化商业模式的改变,最终实现开放式服务创新和价值延伸。

(2) 有利于企业转变思维关注利益相关者导向战略。

本书的研究结果表明,利益相关者导向战略对企业实现开放式服务创新以及提升资源拼凑水平和知识共创水平都有极为重要的影响作用。通过利益相关者导向战略的实施,企业能够有效地通过利益相关者网络,实现与利益相关者的价值观协调,并优化对复杂问题的解决方案,为在合作中建立信任与承诺做出贡献。

并且本书的利益相关者导向战略包含利他偏好的倾向,认为企业不仅要积极与利益相关者保持有序互动，而且要考虑多方利益相关者的权利与诉求。因为技术的发展使价值链重组，在企业之间边界被打破之后，想要在新的价值链中找到合适的位置则必须进行利益权衡和互补性的战略投资（Rietveld et al.，2019），建立与多渠道创新主体互动合作的模式。在这种环境下，任何企业无法脱离利益相关方而独立生存，而利益相关者导向所塑造的关系网络为企业提供了一个资源交换与知识共享的平台。

本书的研究成果能够极大提升企业对利益相关者导向战略的重视程度，启发企业在战略层面兼顾自身发展与互惠共生，帮助企业综合考虑生存发展所处的利益相关者网络环境与价值追求的统一。

（3）有助于企业正视去中心化商业环境发挥资源和知识的价值。

本书的研究结论不仅能够帮助企业对自身所处的去中心化生态营商环境准确认知，同时也启发企业要充分发挥资源拼凑和知识共创的作用。这在产业的边界变得愈加模糊，价值链不断瓦解、碎片化、模块化的格局中，可以有效提升对利益相关者网络的适应性。因为互联网等技术的深度应用使得企业的技术边界被打破。来自不同行业的企业有了更加紧密的联系，封闭的环境变得开放，传统的价值链也已逐渐向价值网络转变。在此情境下基于平台的生态变得越来越普遍，互补者之间的相互赋能、闲置资源的共享重组成了适应价值链重组的重要因素（杨学成和涂科，2018；涂科等，2020）。

企业在价值网中生存发展会受到其他参与者的影响（Velu & Chander，2015）。如企业可分析销售数据和用户行为数据掌握潜在市场需求，可以从上游供应商获得经验、互补资产等不同资源（Bohnsack et al.，2014），可向竞争对手的成功商业模式进行学习和模仿，等等。因此，正确认识利益相关者网络中资源与知识对企业的价值，树立拼凑和价值共创思维，努力通过迭代拼凑行为和持续共创行为应对企业所处的变革时代和去中心营商环境，才能为企业可持续化发展创造条件。

（4）有利于企业助推国家"美好生活"理念的实现。

本书中的开放式服务创新不仅是一种有利于企业可持续发展的商业化模式创新活动，更蕴含一种以为顾客服务为宗旨、令顾客满意为导向的企业经营理念。就当前的经济社会发展情况来看，产业结构和消费结构不断升级，而与人民群众生活密切相关的服务供给仍然相对滞后，消费环境和服务质量都无法满足日益增长的人民需求。而自党的十八大以来，习近平总书记就把人民对美好生活的向往作为奋斗目标，党的十九大报告更是将"人民美好生活需要"列入新时代我国社会主要矛盾之中，明确当前重要任务是不断满足人民日益增长的美好生活需要。同时强调美好生活的标准是人们具有获得感、幸福感和安全感。

一方面，开放式服务创新使服务供给走上了一条高品质发展道路。依托产业链中相互赋能的技术合作，企业可生产出具有更高质量的服务化产品，而这些服务化的产品不仅具有产品基本功能属性，更是能够为消费者带来良好的用户体验以及更高层次的精神需求，从而创造人们美好生活的获得感和安全感。

另一方面，开放式服务创新所包含的与顾客合作创新内涵体现了顾客在设计、生产、传递及消费等各环节的价值共创中担当重要角色。这意味着在模糊性不断加强的环境中，顾客不仅仅是被动接受产品和服务，更是能够与企业一起创造价值的主体（Teng et al.，2020；李小东等，2021），因为在产品生产消耗全流程中，顾客有机会共同参与，其隐性知识得到有效转化，这不仅提高了产品效用，更增强了用户体验，提高了用户满意和整体价值（华中生等，2018；姜尚荣等，2020）。

因此，开放式服务创新能够为顾客提供更具个性化、定制化和精准化的服务产品，满足其在服务体验中的价值共鸣从而获得幸福感。基于此，认为本书的成果能够为战略管理领域如何实践以助推"美好生活"理念给予具体的建议，从而更好地实现人民对美好生活的向往和追求。

三、研究局限与展望

尽管在撰写本书的过程中，笔者力求理论基础夯实、研究设计严谨、操作过程规范、语言论证清晰，但因为个人学术资源和学术能力仍较有限，使实证部分数据收集过程艰难，研究细节还存在一些需要完善的地方。在本部分将一一总结出来，希望未来的研究能在此基础上改进，以求对开放式服务创新的研究更加深入、全面。

首先，就样本来说，在开放式服务创新测量题项与开放式服务创新形成机制的大规模数据调研中，为确保问卷回收率，样本来源的主要方式是根据笔者个人的人脉资源展开的滚雪球抽样方法，而不是机会均等的随机抽样。虽然抽样结果显示样本涉及了制造业、电子商务、生产性服务业和纯服务业等具有代表性的行业，且涵盖不同地域、规模和性质的企业，但是在样本的代表性和说服力方面仍然存在一定局限性。未来研究要收集更广泛的，涵盖不同地域、不同职位和不同年龄员工的数据，以加强数据收集的多样化，使研究结论更具说服力，提升研究的外部效度。并且，因为研究样本覆盖的地域较广，大部分问卷是通过电子问卷的途径，如借助微信、QQ、E-mail 等形式发放，而较少亲自前往各家企业进行数据采集，这在一定程度上会削弱样本数据的有效性。

其次，就数据统计来说，上述两部分研究主要建立在横向数据基础上，所得结果用来验证变量之间的相关关系。未来希望能综合截面数据与时间序列数据进行研究，挖掘不同时间该主题的发展脉络。另外，本书在使用问卷调研获取数据时采取了匿名的方式，并采用两阶段追踪问卷调查等方式进行控制，而且应用单一共同因素方法对共同方法偏差进行了检验。虽然检验结果符合要求，但由于单份研究变量数据均出自同一被试，共同方法偏差在某种程度可能仍然存在，对数据的有效性还是有着一定的影响。但未来研究还可以采取其他方式以进一步降低共同方法偏差问题，如通过交换评价的方式来收集变量数据等。

最后，研究架构方面。一方面，实证二主要检验了利益相关者导向对开放式服务创新的正向作用，并探究了开放式服务创新在此战略下的形成机制。然而尽管现有研究已经大量表明开放式服务创新对企业绩效或持续竞争优势有促进作用，但在本书中为了保证研究的完整性仍有进行系统讨论的必要，使之更加符合战略定制—实施—绩效评定的过程，受研究精力所限，这一部分内容没有开展，也是本书最为遗憾的地方。未来可以将开放式服务创新对企业竞争优势或绩效的影响纳入到研究框架之中。另一方面，在解释性案例研究部分，选取了单个案例的研究方法，虽然符合本书对变量关系与结构内涵的验证需求，但未来研究仍可以结合时间序列对陕鼓动力建立纵向研究的框架，并且也值得继续跟踪观察，探索开放式服务创新的未来动向。

参考文献

[1] Acharya A, Singh S K, Pereira V, et al. Big data, knowledge co-creation and decision making in fashion industry [J]. International Journal of Information Management, 2018, 42 (9): 90-101.

[2] Ackermann F, Eden C. Strategic management of stakeholders: Theory and practice [J]. Long Range Planning, 2011, 44 (3): 179-196.

[3] Adner R, Kapoor R. Innovation ecosystems and the pace of substitution: Re-examining technology Scurves [J]. Strategic Management Journal, 2016, 37 (4): 625-648.

[4] Adner R. Ecosystem as structure: An actionable construct for strategy [J]. Journal of Management, 2017, 43 (1): 39-58.

[5] Agarwal R, Selen W. Multi dimensional nature of service innovation: Operationalisation of the elevated service offerings construct in collaborative service organisations [J]. International Journal of Operations and Production Management, 2011, 31 (31): 1164-1192.

[6] Ahmed F, Naqshbandi M M, Kaur S, et al. Roles of leadership styles and relationship based employee governance in open service innovation: Evidence from Malaysian service sector [J]. Leadership Styles and Open Service Innovation, 2018, 39 (3): 353-374.

[7] Ahuja G. Collaboration networks, structural holes, and innovation: A longitudinal study [J]. Administrative Science Quarterly, 2000, 45 (3): 425-455.

[8] Akasaka F, Nemoto Y, Kimita K. Development of a knowledge-based de-

sign support system for product service systems [J] . Computers in Industry, 2012, 63 (4): 309-318.

[9] Almirall E, Casadesus-Masanell R. Open versus closed innovation: A model of discovery and divergence [J] . Academy of Management Review, 2010, 35 (1): 27-47.

[10] Alves H, Fernandes C, Raposo M. Value co-creation: Concept and contexts of application and study [J] . Journal of Business Research, 2016, 69 (5): 1626-1633.

[11] An W, Zhao X, Cao Z, et al. How bricolage drives corporate entrepreneurship: The roles of opportunity identification and learning orientation [J] . Journal of Product Innovation Management, 2018, 35 (1): 49-65.

[12] Andersson U, Forsgren M, Holm U. The strategic impact of external networks: Subsidiary performance and competence development in the multinational corporation [J] . Strategic Management Journal, 2002, 23 (11): 979-996.

[13] Arikan A T. Interfirm knowledge exchanges and the knowledge creation capability of clusters [J] . Academy of Management Review, 2009, 34 (4): 658-676.

[14] Aristidou A, Barrett M. Coordinating service provision in dynamic service settings: A position practice relations perspective [J] . Academy of Management Journal, 2018, 61 (2): 685-714.

[15] Armitage D, Berkes F, Dale A, et al. Co-management and the co-production of knowledge: Learning to adapt in Canada's arctic [J] . Global Environmental Change, 2011, 21 (3): 995-1004.

[16] Armstrong J S, Collopy F. Competitor orientation: Effects of objectives and information on managerial decisions and profitability [J] . Journal of Marketing Research, 1996, 33 (2): 188-99.

[17] Bacq S, Ofstein L F, Kickul J R, et al. Bricolage in social entrepreneurship how creative resource mobilization fosters greater social impact [J] . International Journal of Entrepreneurship and Innovation, 2015, 16 (4): 283-289.

[18] Badar K, Hite J M, Badir Y F. Examining the relationship of co-author-

ship network centrality and gender on academic research performance: The case of chemistry researchers in Pakistan [J]. Scientometrics, 2013, 94 (2): 755-775.

[19] Baker T, Nelson R E. Creating something from nothing: Resource construction through entrepreneurial bricolage [J]. Administrative Science Quarterly, 2005, 50 (3): 329-366.

[20] Baker T. Resources in play: Bricolage in the toy store [J]. Journal of Business Venturing, 2007, 22 (5): 694-711.

[21] Barnes M L, Örjan B, Guerrero A M, et al. The social structural foundations of adaptation and transformation in social ecological systems [J]. Ecology and Society, 2017, 22 (4): 16-30.

[22] Barrett M, Davidson E, Prabhu J, et al. Service innovation in the digital age: Key contributions and future directions [J]. Mis Quarterly, 2015, 39 (1): 135-154.

[23] Ben-Menahem S M, von Krogh G, Erden Z, et al. Coordinating knowledge creation in multidisciplinary teams: Evidence from early-stage drug discovery [J]. Academy of Management Journal, 2016, 59 (4): 1308-1338.

[24] Benner M, Tushman M. Reflections on the 2013 decade award: Exploitation, exploration, and process management: The productivity dilemma revisited ten years later [J]. Academy of Management Review, 2015, 40 (4): 497-514.

[25] Benouniche M, Zwarteveen M, Kuper M. Bricolage as innovation: Opening the black box of drip irrigation systems [J]. Irrigation and Drainage, 2014, 63 (5): 651-658.

[26] Berman S L, Wicks A C, Kotha S, et al. Does stakeholder orientation matter? The relationship between stakeholder management models and firm financial performance [J]. The Academy of Management Journal, 1999, 42 (5): 488-506.

[27] Bettinazzi E L M, Zollo M. Stakeholder orientation and acquisition performance [J]. Strategic Management Journal, 2017, 38 (12): 2465-2485.

[28] Bohnsack R, Pinkse J, Kolk A. Business models for sustainable technologies: Exploring business model evolution in the case of electric vehicles [J]. Research Policy, 2014, 43 (2): 284-300.

· 150 ·

［29］Bort S. Knowledge creation in inter-organizational networks［J］. Academy of Management Proceedings, 2013（1）: 15134.

［30］Bosse D A, Phillips R A, Harrison J S. Stakeholders, reciprocity, and firm performance［J］. Strategic Management Journal, 2009, 30（4）: 447-456.

［31］Bottenberg K, Tuschke A, Flickinger M. Corporate governance between shareholder and stakeholder orientation［J］. Journal of Management Inquiry, 2016, 26（2）: 165-180.

［32］Boxenbaum E, Rouleau L. New knowledge products as bricolage: Metaphors and scripts in organizational theory［J］. The Academy of Management Review, 2011, 36（2）: 272-296.

［33］Bridoux F, Stoelhorst J W. Microfoundations for stakeholder theory: Managing stakeholders with heterogeneous motives［J］. Strategic Management Journal, 2014, 35（1）: 107-125.

［34］Bridoux F, Stoelhorst J W. Stakeholder relationships and social welfare: A behavioral theory of contributions to joint value creation［J］. Academy of Management Review, 2016, 41（2）: 229-251.

［35］Brodie R J, Gustafsson A. Enhancing theory development in service research［J］. Journal of Service Management, 2016, 27（1）: 2-8.

［36］Burt R S. Structural holes and good ideas［J］. American Journal of Sociology, 2004, 110（2）: 349-399.

［37］Burt R S. Structure holes: The social structure of competition［M］. Cambridge: Harvard University Press, 1992: 57-91.

［38］Čaić M, Odekerken-Schröder G, Mahr D. Service robots: Value co-creation and co-destruction in elderly care networks［J］. Journal of Service Management, 2018, 29（2）: 178-205.

［39］Cassiman B, Valentini G. Open innovation: Are inbound and outbound knowledge flows really complementary?［J］. Strategic Management Journal, 2016, 37（6）: 1034-1046.

［40］Cennamo C, Santaló, J. Generativity tension and value creation in platform ecosystems［J］. Organization Science, 2019, 30（3）: 617-641.

［41］ Chang J A, Wang J J B, Bai X C. Good match matters: Knowledge co-creation in international joint ventures science direct ［J］. Industrial Marketing Management, 2020 （84）: 138-150.

［42］ Chao E. The maoist shaman and the madman: Ritual bricolage, failed ritual, and failed ritual theory ［J］. Cultural Anthropology, 1999, 14 （4）: 505-534.

［43］ Cheng C C J, Shiu E C. Establishing a typology of open innovation strategies and their differential impacts on innovation success in an Asia-Pacific developed economy ［J］. Asia Pacific Journal of Management, 2019, 38 （1）: 1-25.

［44］ Chesbrough H W, Bogers M. Explication open innovation: Clarifying an emerging paradigm for understanding innovation ［M］//Chesbrough H, Vanheverbeke W, West J （Eds）, New Frontiers in Open Innovation, 1st ed. , Oxford: Oxford University Press, 2014: 3-28.

［45］ Chesbrough H, Crowther A K. Beyond high tech: Early adopters of open innovation in other industries ［J］. R&D Management, 2006, 36 （3）: 229-236.

［46］ Chesbrough H, Spohrer J. A research manifesto for services science ［J］. Communications of the ACM, 2006, 49 （7）: 35-40.

［47］ Chesbrough H, Vanhaverbeke W, West J. Open innovation: Researching a new paradigm ［M］. New York: Oxford University Press, 2006.

［48］ Chesbrough H. Bringing open innovation to services ［J］. MIT Sloan Management Review, 2011, 52 （2）: 83-91.

［49］ Chesbrough H. Open innovation: Where we've been and where we're going ［J］. Research Technology Management, 2012, 55 （4）: 20-27.

［50］ Chesbrough H. Open service innovation: Rethinking your business to grow and compete in a new era ［M］. San Francisco: Jossey-Bass, 2011.

［51］ Chesbrough H. The era of open innovation ［J］. MIT Sloan Management Review, 2003, 44 （3）: 35-41.

［52］ Chesbrough H. The logic of open innovation: Managing intellectual property ［J］. California Management Review, 2003, 45 （3）: 33-58.

［53］ Chesterton G K. The return of don quixote, house of stratus ［M］. Kelly Bray: Cornwall UK, 2008.

［54］ Chirumalla K. Managing knowledge for product service system innovation: The role of web 2. 0 technologies ［J］. Research Technology Management, 2013, 56 (2): 45-53.

［55］ Churchill G A, A paradigm for developing better measures of marketing constructs ［J］. Journal of Marketing Research, 1979, 16 (1): 64-73.

［56］ Clement J, Shipilov A, Galunic C. Brokerage as a public good: The externalities of network hubs for different formal roles in creative organizations ［J］. Administrative Science Quarterly, 2018 (63): 251-286.

［57］ Coleman J S. Social capital in the creation of human capital ［J］. American Journal of Sociology, 1988 (94): 95-120.

［58］ Crilly D. Predicting stakeholder orientation in the multinational enterprise: A mid-range theory ［J］. Journal of International Business Studies, 2010, 42 (5): 694-717.

［59］ Dahan N M, Doh J P, Teegen H. Role of nongovernmental organizations in the business government society interface: Introductory essay by guest editors ［J］. Business and Society, 2010, 49 (1): 567-569.

［60］ Dahlander L, Gann D M. How open is innovation? ［J］. Research Policy, 2010, 39 (6): 699-709.

［61］ Dattée B, Alexy O, Autio E. Maneuvering in poor visibility: How firms play the ecosystem game when uncertainty is high ［J］. Academy of Management Journal, 2018, 61 (2): 466-498.

［62］ Davern M. Social networks and economic sociology: A proposed research agenda for a more complete social science ［J］. American Journal of Economics & Sociology, 1997, 56 (3): 287-302.

［63］ Davidsson P, Baker T, Senyard J M. A measure of entrepreneurial bricolage behavior ［J］. International Journal of Entrepreneurial Behaviour and Research, 2017, 23 (1): 114-135.

［64］ Dawes J. Market orientation and company profitability: Further evidence incorporating longitudinal data ［J］. Australian Journal of Management, 2000, 25 (2): 173-199.

[65] De Noni I, Orsi L, Belussi F. The role of collaborative networks in supporting the innovation performances of lagging behind european regions [J] . Research Policy, 2018, 47 (1): 1-13.

[66] Denford J S. Building knowledge: Developing a knowledge based dynamic capabilities typology [J] . Journal of Knowledge Management, 2013, 17 (2): 175-194.

[67] Dentoni D, Bitzer V, Pascucci S. Cross sector partnerships and the co-creation of dynamic capabilities for stakeholder orientation [J] . Journal of Business Ethics, 2016, 135 (1): 35-53.

[68] Desa G, Basu S. Optimization or bricolage? Overcoming resource constraints in global social entrepreneurship [J] . Strategic Entrepreneurship Journal, 2013, 7 (1): 26-49.

[69] Desa G. Resource mobilization in international social entrepreneurship: Bricolage as a mechanism of institutional transformation [J] . Entrepreneurship Theory and Practice, 2012, 36 (4): 727-751.

[70] Di Gangi, Paul M, Wasko M M, et al. Getting ideas to work for you: Learning from dell how to succeed with online user innovation communities [J] . MIS Quarterly Executive, 2010, 9 (4): 213-228.

[71] Donaldson T, Preston L E. The stakeholder theory of the corporation: Concepts, evidence, and implications [J] . Academy of Management Review, 1995, 20 (1): 65-91.

[72] Dorobantu S, Henisz W J, Nartey L. Not all sparks light a fire: Stakeholder and shareholder reactions to critical events in contested markets [J] . Administrative Science Quarterly, 2017, 62 (3): 561-597.

[73] Duesing R J, White M A. Building understanding and knowledge: A case study in stakeholder orientation [J] . Journal of Managerial, 2013 (25): 401-415.

[74] Dunn S C, Seaker R P, Waller M A. Latent variables in business logistics research: Scale development and validation [J] . Journal of Business Logistics, 1994, 15 (2): 145-172.

[75] Dyer J H, Hatch N W. Relation specific capabilities and barriers to knowl-

edge transfers: Creating advantage through network relationships [J] . Strategic Management Journal, 2006, 27 (8): 701-719.

[76] Dyer W G, Wilkins A L. Better stories, not better constructs, to generate better theory: A rejoinder to eisenhardt [J] . Academy of Management Review, 1991, 16 (3): 613-619.

[77] Eisenhardt K M. Building theories from case study research [J] . The Academy of Management Review, 1989, 14 (4): 532-550.

[78] Eisenmann T, Parker G, Van Alstyne M. Platform envelopment [J]. Strategic Management Journal, 2011, 32 (12): 1270-1285.

[79] Faems D, Bos B, Noseleit F, et al. Multistep knowledge transfer in multinational corporation networks: When do subsidiaries benefit from unconnected sister alliances? [J] . Journal of Management, 2018, 46 (3): 414-442.

[80] Ferneley E, Bell F. Using bricolage to integrate business and information technology innovation in SMEs [J] . Technovation, 2006, 26 (2): 232-241.

[81] Ferrell O C, Gonzalez-Padron T L, Hult G T M, et al. From market orientation to stakeholder orientation [J] . Journal of Public Policy and Marketing, 2010, 29 (1): 93-96.

[82] Fisher G. Effectuation, causation, and bricolage: A behavioral comparison of emerging theories in entrepreneurship research [J] . Entrepreneurship Theory and Practice, 2012, 36 (5): 1019-1051.

[83] Flammer C, Kacperczyk A. The impact of stakeholder orientation on innovation: Evidence from a natural experiment [J] . Management Science, 2016, 62 (1): 1982-2001.

[84] Flock A, Scarabis. How advertising claims affect brand preferences and category brand associations: The role of regulatory fit [J] . Psychology and Marketing, 2006, 23 (9): 741-755.

[85] Förderer J, Kude T, Schuetz S W, et al. Knowledge boundaries in Enterprise software platform development: Antecedents and consequences for platform governance [J] . Information Systems Journal, 2019, 29 (1): 119-144.

[86] Foroughi A, Buang N A, Senik Z C, et al. The role of open service inno-

vation in enhancing business performance: The moderating effects of competitive intensity [J] . Current Science: A Fortnightly Journal of Research, 2015, 109 (4): 691-698.

[87] Freeman R E, Phillips R A. Stakeholder theory: A libertarian defense [J] . Business Ethics Quarterly, 2002, 12 (3): 331-349.

[88] Freeman R E. Strategic management: A stakeholder approach [M] . MA: Cambridge University Press, 2010.

[89] Frone D F, Frone S. Eco-innovation parks for a green development in small and medium sized enterprises [J] . Management, Economic Engineering in Agriculture and Rural Development, 2018, 18 (2): 187-194.

[90] Fuller J, Jacobides M G, Reeves M. The myths and realities of business ecosystems [J] . MIT Sloan Management Review, 2019, 60 (3): 1-9.

[91] Fulsang L. Bricolage and invisible innovation in public service innovation [J] . Journal of Innovation Economics and Management, 2010 (1): 67-87.

[92] Furr N, Dyer J. Lessons from Tesla's approach to Innovation [EB/OL] . [2022-09-07] . https: //hbr. org/2020/02/lessons-from-teslas-approach-to-innovation.

[93] Furr N, Shipilov A. Building the right ecosystem for innovation [J] . MIT Sloan Management Review, 2018, 59 (4): 59-64.

[94] Ganco M, Kapoor R, Lee G. From rugged landscapes to rugged ecosystems: Structure of interdependencies and firms' innovative search [J] . Academy of Management Review, 2019, 45 (3): 646-674.

[95] Garnsey E, Leong Y Y. Combining resource based and evolutionary theory to explain the genesis of bionetworks [J] . Industry and Innovation, 2008, 15 (6): 669-686.

[96] Garud R, Peter Karnøe. Bricolage versus breakthrough: Distributed and embedded agency in technology entrepreneurship [J] . Research Policy, 2003, 32 (2): 277-300.

[97] Gatignon H, Xuereb J M. Strategic orientation of the firm and new product performance [J] . Journal of Marketing Research, 1997, 34 (2): 77-90.

［98］Gianiodis P T, Ettlie J E, Urbina J J. Open service innovation in the global banking industry: Inside-out versus outside-in strategies ［J］. Academy of Management Perspectives, 2014, 28 (1): 76-91.

［99］Gibbert M, Leibold M, Probst G. Five styles of customer knowledge management, and how smart companies use them to create value ［J］. European Management Journal, 2002, 20 (5): 459-469.

［100］Gibbert M, Ruigrok W. The "what" and "how" of case study rigor: Three strategies based on published work ［J］. Organizational Research Methods, 2010, 13 (4): 710-737.

［101］Gilsing V, Nooteboom B, Van Haverbeke W, et al. Network embeddedness and the exploration of novel technologies: Technological distance, betweenness centrality and density ［J］. Research Policy, 2008 (37): 1717-1731.

［102］Gnyawali D R, Madhavan R. Cooperative networks and competitive dynamics: A structural embeddedness perspective ［J］. Academy of Management Review, 2001, 26 (3): 431-445.

［103］Goh K T, Pentland B T. From actions to paths to patterning: Toward a dynamic theory of patterning in routines ［J］. Academy of Management Journal, 2019, 62 (6): 1901-1929.

［104］Goo J, Nam K. The role of service level agreements in relational management of information technology outsourcing: An empirical study ［J］. Mis Quarterly, 2009, 33 (1): 119-145.

［105］Granovetter M S. The strength of weak ties ［J］. The American Journal of Sociology, 1973, 78 (6): 1360-1380.

［106］Grant D, Yeo B. A global perspective on tech investment, financing, and ICT on manufacturing and service industry performance ［J］. International Journal of Information Management, 2018 (43): 130-145.

［107］Greenley G E, Foxall G R. External moderation of associations among stakeholder orientations and company performance ［J］. International Journal of Research in Marketing, 1998, 15 (1): 51-69.

［108］Greenley G E, Foxall G R. Multiple stakeholder orientation in UK companies and the implications for company performance [J]. Journal of Management Studies, 1997, 34 (2): 259-284.

[109] Greenley G E, Hooley G J, Broderick A J, et al. Strategic planning differences among different multiple stakeholder orientation profiles [J]. Journal of Strategic Marketing, 2004, 12 (3): 163-82.

[110] Greenley G E, Hooley G J, Rudd J M. Market orientation in a multiple stakeholder orientation context: Implications for marketing capabilities and assets [J]. Journal of Business Research, 2005, 58 (11): 1483-1494.

[111] Gulati R, Nohria N, Zaheer A. Strategic networks [J]. Strategic Management Journal, 2000 (21): 203-215.

[112] Gundry L K, Kickul J R, Griffiths M D, et al. Creating social change out of nothing: The role of entrepreneurial bricolage in social entrepreneurs' catalytic innovations [J]. Advances in Entrepreneurship Firm Emergence and Growth, 2011, 13 (11): 1-24.

[113] Gundry L K, Kickul J R, Griffiths M D. Entrepreneurial bricolage and innovation ecology: Precursors to social innovation? [J]. Frontiers of Entrepreneurship Research, 2011, 31 (19): 659-673.

[114] Guo H, Su Z F, Ahlstrom, et al. Business model innovation: The effects of exploratory orientation, opportunity recognition, and entrepreneurial bricolage in an emerging economy [J]. Asia Pacific Journal of Management, 2016, 33 (2): 533-549.

[115] Guo Z S, Zhang J Q. Bricolage and opportunity identification: The mediation role of knowledge stock [J]. Academy of Management Proceedings, 2016 (1): 17762.

[116] Guo Z, Zhang J, Gao L. It is not a panacea! The conditional effect of bricolage in SME opportunity exploitation [J]. R&D Management, 2018, 48 (5): 1-12.

[117] Halme M, Lindeman S, Linna P. Innovation for inclusive business: Intrapreneurial bricolage in multinational corporations [J]. Journal of Management Studies, 2012, 49 (4): 743-784.

［118］Han J K, Kim N, Srivastava R K. Market orientation and organizational performance: Is innovation a missing link? ［J］. Journal of Marketing, 1998, 62 (4): 30-45.

［119］Hannah D P, Eisenhardt K M. How firms navigate cooperation and competition in nascent ecosystems ［J］. Strategic Management Journal, 2018, 39 (12): 3163-3192.

［120］Harrison J S, Bosse D A, Phillips R A. Managing for stakeholders, stakeholder utility functions, and competitive advantage ［J］. Strategic Management Journal, 2010, 31 (1): 58-74.

［121］Harrison J S, Felps W, Jones T M. Instrumental stakeholder theory makes ethically based relationship building palatable to managers focused on the bottom Line ［J］. Academy of Management Review, 2019, 44 (3): 698-700.

［122］Hein A, Weking J, Schreieck M, et al. Value co-creation practices in business-to-business platform ecosystems ［J］. Electronic Markets, 2019 (29): 503-518.

［123］Helfat C E, Raubitschek R S. Dynamic and integrative capabilities for profiting from innovation in digital platform based ecosystems ［J］. Research Policy, 2018, 47 (8): 1391-1399.

［124］Henrysson S. Correction of item total correlations in item analysis ［J］. Psychometrika, 1963, 28 (2): 211-218.

［125］Hernandez E, Menon A. Corporate strategy and network change ［J］. Academy of Management Review, 2021, 46 (1): 80-107.

［126］Hillman A J, Keim G D. Shareholder value, stakeholder management, and social issues: What's the bottom line? ［J］. Strategic Management Journal, 2001, 22 (2): 125-139.

［127］Hinkin T R. A brief tutorial on the development of measures for use in survey questionnaires ［J］. Organizational Research Methods, 1998, 1 (1): 104-121.

［128］Hoffmann W, Lavie D, Reuer J, et al. The interplay of competition and cooperation ［J］. Strategic Management Journal, 2018, 39 (12): 3033-3052.

［129］Holsti O R. Content analysis for the social sciences ［J］. American Sociological Review, 1970, 35 (2): 356-357.

[130] Homburg C, Pfiesser C. A multiple layer model of market oriented organizational culture: Measurement issues and performance outcomes [J]. Journal of Marketing Research, 2000, 37 (4): 449-462.

[131] Hooi H C, Ahmad N H, Amran A, et al. The functional role of entrepreneurial orientation and entrepreneurial bricolage in ensuring sustainable entrepreneurship [J]. Management Research Review, 2016, 39 (12): 1616-1638.

[132] Hooley G, Cox T, Fahy J, et al. Market orientation in the transition economies of central europe: Tests of the narver and slater market orientation scales [J]. Journal of Business Research, 2000, 50 (3): 273-285.

[133] Hox J J, Boeije H R. Data collection, primary vs. secondary [J]. Encyclopedia of Social Measurement, 2005 (1): 593-599.

[134] Hsieh P L, Wei S L. Relationship formation within online brand communities: Bridging the virtual and and the real [J]. Asia Pacific Management Review, 2017, 22 (1): 2-9.

[135] Hurmelinna-Laukkanen P, Ritala P. Protection for profiting from collaborative service innovation [J]. Journal of Service Management, 2010, 21 (1): 6-24.

[136] Innes, Booher, David E. Consensus building as role playing and bricolage [J]. Journal of the American Planning Association, 1999, 65 (1): 9-26.

[137] Iqbal J, Hameed W. Open innovation challenges and coopetition based open innovation empirical [J]. Innovative Management and Business Practices in Asia, 2020 (1): 144-166.

[138] Jaakkola E, Meiren T, Witell L, et al. Does one sizefit all? New service development across different types of services [J]. Journal of Service Management, 2017, 28 (2): 329-347.

[139] Jacobides M G, Cennamo C, Gawer A. Towards a theory of ecosystems [J]. Strategic Management Journal, 2018, 39 (8): 2255-2276.

[140] Jain T, Aguilera R V, Jamali D. Corporate stakeholder orientation in an emerging country context: A longitudinal cross industry analysis [J]. Journal of Busi-

ness Ethics, 2016, 143 (4): 701-719.

[141] Jakubik M. Practice ecosystem of knowledge co-creation [J]. International Journal of Management, Knowledge and Learning, 2018, 7 (2): 199-216.

[142] Jandhyala S, Phene A. The role of intergovernmental organizations in cross-border knowledge transfer and innovation [J]. Administrative Science Quarterly, 2015, 60 (4): 712-743.

[143] Jespersen K R. Crowdsourcing design decisions for optimal integration into the company innovation system [J]. Decision Support Systems, 2018, 115: 52-63.

[144] Jones T M, Felps W, Bigley G A. Ethical theory and stakeholder related decisions: The role of stakeholder culture [J]. Academy of Management Journal, 2007, 32 (1): 137-155.

[145] Jones T M, Harrison J S, Felps W. How applying instrumental stakeholder theory can provide sustainable competitive advantage [J]. Academy of Management Review, 2018, 43 (3): 371-391.

[146] Kacperczyk A. With greater power comes greater responsibility? Takeover protection and corporate attention to stakeholders [J]. Strategic Management Journal, 2009, 30 (3): 261-285.

[147] Kapoor R, Lee J M. Coordinating and competing in ecosystems: How organizational forms shape new technology investments [J]. Strategic Management Journal, 2013, 34 (3): 274-296.

[148] Kapoor R, Agarwal S. Sustaining superior performance in business ecosystems: Evidence from application software developers in the IOS and Android smartphone ecosystems [J]. Organization Science, 2017, 28 (3): 531-551.

[149] Kelleher C, Céilleachair A Ó, Peppard J. Open service innovation and co-creating the value propositions in online community based idea contests [M]. Cranfield: Cranfield University Press, 2012.

[150] Khattab J, van Knippenberg D, Nederveen P A, et al. A network utilization perspective on the leadership advancement of minorities [J]. Academy of Management Review, 2018, 45 (1): 109-129.

[151] Kickul J, Griffiths M, Bacq S, et al. Catalyzing social innovation: Is en-

trepreneurial bricolage always good? ［J］. Entrepreneurship and Regional Development, 2018, 30 (3-4): 407-420.

［152］Kim C, Park J H. The global research and development network and its effect on innovation ［J］. Journal of International Marketing, 2010, 18 (4): 43-57.

［153］Kim H S. How a firm's position in a whole network affects innovation performance ［J］. Technology Analysis and Strategic Management, 2019, 31 (2): 155-168.

［154］Kim H, Lee J N, Han J. The role of IT in business ecosystems ［J］. Communications of the ACM, 2010, 53 (5): 151-156.

［155］Kim S, Christiaans H, Baek J S. Smart homes as product service systems: Two focal areas for developing competitive smart home appliances ［J］. Service Science, 2019, 11 (4): 292-310.

［156］Kohlbacher F. Knowledge based new product development: Fostering innovation through knowledge co-creation ［J］. International Journal of Technology Intelligence and Planning, 2008, 4 (4): 326-346.

［157］Kohler C F, Rohm A J, Ruyter K, et al. Return on inter-activity: The impact of online agents on new comer adjustment ［J］. Journal of Marketing, 2011, 75 (2): 93-108.

［158］Kolbe R H, Burnett M S. Content analysis research: An examination of applications with directives for improving research reliability and objectivity ［J］. Journal of Consumer Research, 1991, 18 (2): 243-250.

［159］Kotler P, Levy S J. Broadening the concept of marketing ［J］. Journal of Marketing, 1969, 33 (1): 10-15.

［160］Koys D J. The effects of employee satisfaction, organizational citizenship behavior, and turnover on organizational effectiveness: A unit-level, longitudinal study ［J］. Personnel Psychology, 2001, 54 (1): 101-114.

［161］Kumar P, Zaheer A. Ego network stability and innovation in alliances ［J］. Academy of Management Journal, 2019, 62 (3): 691-716.

［162］Kwon S W, Adler P S. Social capital: Maturation of a field of research

［J］. Academy of Management Review, 2014, 39 (4): 412–422.

［163］ Kohtamäki M, Henneberg S C , Martinez V , et al. A Configurational Approach to Servitization: Review and Research Directions ［J］. Service Science, 2019, 11 (3): 213–240.

［164］ Lakemond N, Bengtsson L, Laursen K, et al. Match and manage: The use of knowledge matching and project management to integrate knowledge in collaborative inbound open innovation ［J］. Industrial and Corporate Change, 2016, 25 (2): 333–352.

［165］ Laplume A O, Sonpar K, Litz R A. Stakeholder theory: Reviewing a theory that moves us ［J］. Journal of Management, 2008, 34 (6): 1152–1189.

［166］ Lavie D. The competitive advantage of interconnected firms: An extension of the resource based view ［J］. Academy of Management Review, 2006, 31 (3): 638–658.

［167］ Lee M Y, Mazmanian M, Perlow L. Fostering positive relational dynamics: The power of spaces and interaction scripts ［J］. Academy of Management, 2020, 63 (1): 96–123.

［168］ Levi–Strauss. The savage mind ［M］. Chicago: University of Chicago Press, 1967.

［169］ Levitt T. Marketing myopia and a retrospective commentary ［J］. Harvard Business Review, 1964, 53 (5): 26–44.

［170］ Li X, Zheng Y, Wang C. Inter–firm collaboration in new product development in Chinese pharmaceutical companies ［J］. Asia Pacific Journal of Management, 2016, 33 (1): 165–193.

［171］ Lifshitz–Assaf H. Dismantling knowledge boundaries at NASA: The critical role of professional identity in open innovation ［J］. Administrative Science Quarterly, 2018, 63 (4): 746–782.

［172］ Loeser B. How to set up a cooperation network in the production industry ［J］. Industrial Marketing Management, 1999, 29 (1): 453–465.

［173］ Luk C L, Yau O H M, Chow R P M, et al. Stakeholder orientation and business performance: The case of service companies in China ［J］. Journal of International Marketing, 2005, 13 (1): 89-110.

[174] Lusch R F, Nambisan S. Service innovation: A service dominant logic perspective [J]. MIS Quarterly, 2015, 39 (1): 155-175.

[175] Lusch R F, Vargo S L, Tanniru M. Service, value networks and learning [J]. Journal of the Academy of Marketing Science, 2010, 38 (1): 19-31.

[176] Maignan I, Ferrell O C. Corporate social responsibility and marketing: An integrative framework [J]. Journal of the Academy of Marketing Science, 2004, 32 (1): 3-19.

[177] Marjanovic O, Roztocki N. Creativity coordination and knowledge co-creation on a global scale—The process perspective [J]. Journal of International Technology and Information Management, 2013, 22 (1): 43-64.

[178] Matsuno K, Mentzer J T, Ozsomer A. The effects of entrepreneurial proclivity and market orientation on business performance [J]. Journal of Marketing, 2002, 66 (3): 18-32.

[179] Mcevily B, Zaheer A. Bridging ties: A source of firm heterogeneity in competitive capabilities [J]. Strategic Management Journal, 1999, 20 (12): 1133-1156.

[180] McFadyen M A, Cannella A A. Social capital and knowledge creation: Diminishing returns of the number and strength of exchange relationships [J]. Academy of Management Journal, 2004, 47 (5): 735-746.

[181] McIntyre D P, Subramaniam M. Strategy in network industries: A review and research agenda [J]. Journal of Management, 2009, 35 (6): 1494-1517.

[182] Miles R E, Snow C C. Causes of failure in network organizations [J]. California Management Review, 1992, 34 (4): 53-72.

[183] Miller D. Disruptive texts: Case narratives as research inspirations [J]. Academy of Management Review, 2017, 42 (1): 154-164.

[184] Mina A, Bascavusoglu-moreau E, Hughes A. Open service innovation and the firm's search for external knowledge [J]. Research Policy, 2014, 43 (5): 853-866.

[185] Mindruta D, Moeen M, Agarwal R. A two-sided matching approach for

partner selection and assessing complementarities in partners' attributes in inter-firm alliances [J] . Strategic Management Journal, 2016, 37 (1): 206-231.

[186] Mitchell R K, Agle B R, Wood D J. Toward a theory of stakeholder identification and salience: Defining the principle of who and what really counts [J] . The Academy of Management Review, 1997, 22 (4): 853-868.

[187] Mohaghar A, Jafarnejad A, Mood M M, et al. A framework to evaluate customer knowledge co-creation capacity for new product development [J] . African Journal of Business Management, 2012, 6 (21): 6401-6414.

[188] Moore J F. The death of competition: Leadership and strategy in the age of business ecosystems [M] . New York: Harper Collins, 1996.

[189] Morris M, Schindehutte M, Allen J. The entrepreneur's business model: Toward a unified perspective [J] . Journal of Business Research, 2003, 58 (1): 726-735.

[190] Munilla L S, Miles M P. The corporate social responsibility continuum as a component of stakeholder theory [J] . Business and Society Review, 2005, 110 (4): 371-387.

[191] Myhren P, Witell L, Gustafsson A, et al. Incremental and radical open Service Innovation [J] . Journal of Services Marketing, 2018 (4): 101-112.

[192] Nadkarni S, Barr P S. Environmental context, managerial cognition, and strategic action: An integrated view [J] . Strategic Management Journal, 2008, 29 (13): 1395-1427.

[193] Nadkarni S, Narayanan V K. Strategic schemas, strategic flexibility and firm performance: The moderating role of industry clock speed [J] . Strategic Management Journal, 2007, 28 (3): 243-270.

[194] Nahapiet J, Ghoshal S. Social capital, intellectual capital, and the organizational advantage [J] . Academy of Management Review, 1998, 23 (2): 242-266.

[195] Nambisan S. Designing virtual customer environments for new product development: Towards a theory [J] . Academy of Management Review, 2002, 27 (3): 392-413.

[196] Namisango F, Kafuko M, Byomire G. Orchestrating enterprise social media for knowledge co-creation: An interactionist perspective [J]. Journal of Information and Knowledge Management Systems, 2019, 50 (1): 57-74.

[197] Narver J C, Slater S F. The effect of a market orientation on business profitability [J]. Journal of Marketing, 1990, 54 (4): 20-35.

[198] Nielsen B B. The role of knowledge embeddedness in the creation of synergies in strategic alliances [J]. Journal of Business Research, 2005, 58 (9): 1194-1204.

[199] Nissen H A, Evald M R, Clarke A H. Knowledge sharing in heterogeneous teams through collaboration and cooperation: Exemplified through public private innovation partnerships [J]. Industrial Marketing Management, 2014, 43 (3): 473-482.

[200] Olsen A Ø, Sofka W, Grimpe C. Coordinated exploration for grand challenges: The role of advocacy groups in search consortia [J]. Academy of Management Journal, 2016, 59 (6): 2232-2255.

[201] Ordanini A, Parasuraman A. Service innovation viewed through a service-dominant logic lens: A conceptual framework and empirical analysis [J]. Journal of Service Research, 2010, 14 (1): 3-23.

[202] Özalp H, Cennamo C, Gawer A. Disruption in platform based ecosystems [J]. Journal of Management Studies, 2018, 55 (7): 1203-1241.

[203] Parida V, Burström T, Visnjic I, et al. Orchestrating industrial ecosystem in circular economy: A two-stage transformation model for large manufacturing companies [J]. Journal of Business Research, 2019, 101 (8): 715-725.

[204] Park S H, Luo Y. Guanxi and organizational dynamics: Organizational networking in Chinese firms [J]. Strategic Management Journal, 2001, 22 (5): 455-477.

[205] Paruchuri S. Intraorganizational networks, interorganizational networks, and the impact of central inventors: A longitudinal study of pharmaceutical firms [J]. Organization Science, 2010 (21): 63-80.

[206] Patton M Q. Qualitative evaluation and research methods [J]. Modern

Language Journal, 1990, 76 (4): 543.

[207] Payne A F, Storbacka K, Frow P. Managing the co-creation of value [J]. Journal of the Academy of Marketing Science, 2008, 36 (1): 83-96.

[208] Payne A, Holt S, Frow P. Relationship value management: Exploring the integration of employee, customer and shareholder value and enterprise performance models [J]. Journal of Marketing Management, 2001, 17 (7/8): 785-817.

[209] Perrysmith J E, Mannucci P V. From creativity to innovation: The social network drivers of the four phases of the idea journey [J]. Academy of Management Review, 2017, 42 (1): 53-79.

[210] Perry-Smith J E. Social yet creative: The role of social relationships in facilitating individual creativity [J]. Academy of Management Journal, 2006, 49 (1): 85-101.

[211] Piller F, West J. Firms, users and innovation: An interactive model of coupled open innovation [M] //Chesbrough H, Vanheverbeke W, West J. New frontiers in open innovation. Oxford: Oxford University Press, 2014: 29-49.

[212] Polese F, Barile S, Caputo F, et al. Determinants for value cocreation and collaborative paths in complex service systems: A focus on (smart) cities [J]. Service Science, 2018, 10 (4): 397-407.

[213] Porter M E. Strategy and society: The link between competitive advantage and corporate social responsibility [J]. Harvard Business Review, 2006, 84 (12): 78-92.

[214] Prahalad C K, Ramaswamy V. Co-opting customer competence [J]. Harvard Business Review, 2000, 78 (1): 79-87.

[215] Quinn D P, Jones T M. An agent morality view of business policy [J]. The Academy of Management Review, 1995, 20 (1): 22-42.

[216] Ramaswamy V. Co-creating experiences with customers: New paradigm of value creation [J]. Journal of Management, 2004 (3): 56-78.

[217] Randhawa K, Wilden R, Gudergan S. Open service innovation: The role of intermediary capabilities [J]. Journal of Product Innovation Management, 2018, 35 (5): 808-838.

[218] Randhawa K, Wilden R, Hohberger J. A bibliometric review of open innovation: Setting a research agenda [J]. Journal of Product Innovation Management, 2016, 33 (6): 750-772.

[219] Reuter C, Goebel P, Foerstl K. The impact of stakeholder orientation on sustainability and cost prevalence in supplier selection decisions [J]. Journal of Purchasing and Supply Management, 2012, 18 (4): 270-281.

[220] Reymen I M M J, Andries P, Berends H, et al. Understanding dynamics of strategic decision making in venture creation: A process study of effectuation and causation [J]. Strategic Entrepreneurship Journal, 2015, 9 (4): 351-379.

[221] Rietveld J, Eggers J P. Demand heterogeneity and the adoption of platform complements [J]. Organization Science, 2018, 29 (2): 304-322.

[222] Rietveld J, Schilling M A, Bellavitis C. Platform strategy: Managing ecosystem value through selective promotion of complements [J]. Organization Science, 2019, 30 (6): 1232-1251.

[223] Ritala P, Olander H, Michailova S, et al. Knowledge sharing, knowledge leaking and relative innovation performance: An empirical study [J]. Technovation, 2015 (35): 22-31.

[224] Ritter T. Hans Georg Gemünden. Value creation in buyer-seller relationships: Theoretical considerations and empirical results from a supplier's perspective [J]. Industrial Marketing Management, 2001, 30 (4): 361-377.

[225] Rowley T J. Moving beyond dyadic ties: A network theory of stakeholder influences [J]. Academy of Management Review, 1997, 22 (4): 887-910.

[226] Rönkkö M, Peltonen J, Arenius P. Selective or parallel? Toward measuring the domains of entrepreneurial bricolage [J]. Advances in Entrepreneurship Emergence and Growth, 2013, 15 (3): 43-61.

[227] Salunke S, Weerawardena J, McColl-Kennedy J R. Competing through service innovation: The role of bricolage and entrepreneurship in project oriented firms [J]. Journal of Business Research, 2013, 66 (8): 1085-1097.

[228] Sargsyan G, Meijer G, Janssen W, et al. Socio-economic impact of open service innovation [R]. EU Commission, 2011.

[229] Sawhney M, Prandelli E. Communities of creation: Managing distributed innovation in turbulent markets [J]. California Management Review, 2000, 42 (4): 24-54.

[230] Sawhney M, Verona G, Prandelli E. Collaborating to create: The intemet as a platform for customer engagement in product innovation [J]. Journal of Interactive Marketing, 2005, 19 (4): 4-17.

[231] Selsky J W, Parker B. Cross-sector partnerships to address social issues: Challenges to theory and practice [J]. Journal of Management, 2005, 31 (6): 849-873.

[232] Senyard J, Baker T, Steffens P, et al. Bricolage as a path to innovative-ness for resource constrained new firms [J]. Journal of Product Innovation Manage-ment, 2014, 31 (2): 211-230.

[233] Shipilov A, Gawer A. Integrating research on inter-organization networks and ecosystems [J]. Academy of Management Annals, 2019, 19 (2): 152-183.

[234] Siggelkow N. Evolution towards fit [J]. Administrative Science Quarterly, 2002 (47): 25-159.

[235] Siggelkow N. Persuasion with case studies [J]. Academy of Management Journal, 2007, 50 (1): 20-24.

[236] Singaraju S P, Nguyen Q A, Niininen O, et al. Social media and value co-creation in multi-stakeholder systems: A resource integration approach [J]. In-dustrial Marketing Management, 2016 (54): 44-55.

[237] Snyder H, Witel L, Gustafsson A, et al. Identifying categories of service innovation: A review and synthesis of the literature [J]. Journal of Business Re-search, 2016, 69 (7): 2401-2408.

[238] Srinivasan A, Venkatraman N. Entrepreneurship in digital platforms: A network centric view [J]. Strategic Entrepreneurship Journal, 2018, 12 (1): 54-71.

[239] Stenholm P, Renko M. Passionate bricoleurs and new venture survival [J]. Journal of Business Venturing, 2016, 2 (35): 595-611.

[240] Storey C, Kelly D. Measuring the performance of new service development

activities〔J〕. Service Industries Journal, 2001, 21（2）: 71-90.

〔241〕Su C Y, Lin B W, Chen C J. Technological knowledge co-creation strategies in the world of open innovation〔J〕. Management Policy and Practice, 2015, 17（4）: 485-507.

〔242〕Tang Z, Tang J. Stakeholder firm power difference, stakeholders'CSR orientation, and SMEs'environmental performance in China〔J〕. Journal of Business Venturing, 2012, 27（4）: 436-455.

〔243〕Teece D J, Shuen P A. Dynamic capabilities and strategic management〔J〕. Strategic Management Journal, 1997, 18（7）: 509-533.

〔244〕Teece D J. Explicating dynamic capabilities: The nature and microfoundations of（sustainable）enterprise performance〔J〕. Strategic Management Journal, 2007, 28（13）: 1319-1350.

〔245〕Teng T, Zhang S L, Li X D, et al. Customer compliance with employee fuzzy requests in service encounters: A self-determination theory perspective〔J〕. Service Business, 2020, 14（2）: 217-240.

〔246〕Ter W A, Criscuolo P, McEvily B, et al. Dual networking: How collaborators network in their quest for innovation〔J〕. Administrative Science Quarterly, 2020, 65（4）: 887-930.

〔247〕Ter Wal A L J, Alexy O, Block J, et al. The best of both worlds: The benefits of open specialized and closed diverse syndication networks for new ventures'success〔J〕. Administrative Science Quarterly, 2016, 61（3）: 393-432.

〔248〕Tether B S, Bascavusoglu-Moreau E. Servitization: The extent and motivations for service provision amongst UK manufacturers〔EB/OL〕. 〔2022-09-07〕. https: //www. docin. com/p-1738359144. html.

〔249〕Tirabeni L, Soderquist K E. Connecting the dots. framing employee driven innovation in open innovation contexts〔J〕. International Journal of Innovation and Technology Management, 2019, 17（1）: 1-27.

〔250〕Tronvoll B, Sklyar A, Sörhammar D, et al. Transformational shifts through digital servitization〔J〕. Industrial Marketing Management, 2020（89）: 293-305.

[251] Tsai W. Knowledge transfer in intra organizational networks: Effects of network position and absorptive capacity on business unit innovation and performance [J]. Academy of Management Journal, 2001, 44 (5): 996-1004.

[252] Uzzi B. Social structure and competition in interfirm networks: The paradox of embeddedness [J]. Administrative Science Quarterly, 1997, 42 (1): 35-67.

[253] Van Alstyne M W, Parker G G, Choudary S P. Pipelines, platforms, and the new rules of strategy [J]. Harvard Business Review, 2016, 94 (4): 54-62.

[254] Van Burg E, Berends H, VanRaaij E M. Framing and inter organizational knowledge transfer: A process study of collaborative innovation in the aircraft industry [J]. Journal of Management Studies, 2014, 51 (3): 349-378.

[255] Van Den Bos K, Bruins J, Wilke H A, et al. Sometimesunfair procedures have nice aspects: On the psychology of thefair process effect [J]. Journal of Personality and Social Psychology, 1999, 77 (2): 324-336.

[256] Vargo S L, Lusch R F. Evolving to a new dominant logic for marketing [J]. Journal of Marketing, 2004, 68 (1): 1-17.

[257] Vargo S L, Lusch R F. Institutions and axioms: An extension and update of service dominant logic [J]. Journal of the Academy of Marketing Science, 2016, 44 (1): 5-23.

[258] Vargo S L, Wieland H, Akaka M A. Innovation through institutionalization: A service ecosystems perspective [J]. Industrial Marketing Management, 2015, 44: 63-72.

[259] Velu C. Business model innovation and third party alliance on the survival of new firms [J]. Technovation, 2015 (35): 1-11.

[260] Vrande V, De Jong J P, Vanhaverbeke W, et al. Open innovation in SMEs: Trends, motives and management challenges [J]. Technovation, 2009, 29 (6/7): 423-437.

[261] Wallin M W, von Krogh G. Organizing for open innovation: Focus on the integration of knowledge [J]. Organizational Dynamics, 2010, 39 (2): 145-154.

[262] Wang Richard D, Miller C D. Complementors' engagement in an ecosys-

tem: A study of publishers' e-book offerings on Amazon Kindle [J] . Strategy Management Journal, 2020, 41 (1): 3-26.

[263] Watson J. Modeling the relationship between networking and firm performance [J] . Journal of Business Venturing, 2007, 22 (6): 852-874.

[264] Weick, Karl E. The collapse of sensemaking in organizations: The mann gulch disaster [J] . Administrative Science Quarterly, 1993, 38 (4): 628-652.

[265] Weitzner D, Deutsch Y. Why the time has come to retire instrumental stakeholder theory [J] . Academy of Management Review, 2019, 44 (3): 694-698.

[266] Welter C, Mauer R, Wuebker R J. Bridging behavioral models and theoretical concepts: Effectuation and bricolage in the opportunity creation framework [J] . Strategic Entrepreneurship Journal, 2016, 10 (1): 5-20.

[267] Wengraf T. Qualitative research interviewing biographic narrative and semi-structured methods [M] . London: SAGE Publications, 2001.

[268] White H C. Identity and control: A structural theory of social action [J] . American Journal of Sociology, 1994, 99 (4): 1083-1085.

[269] William H A J, Bicen P. Studies of innovation under resource constraints: Towards a resource capabilities based theory [J] . Academy of Management Proceedings, 2013 (1): 12759.

[270] Williams T. Cooperation by design: Structure and cooperation in inter-organizational networks [J] . Journal of Business Research, 2005, 58 (2): 223-231.

[271] Witell L, Gebauer H, Jaakkola E, et al. A bricolage perspective on service innovation [J] . Journal of Business Research, 2017, 79 (3): 290-298.

[272] Wu L, Liu H, Zhang J. Bricolage effects on new product development speed and creativity: The moderating role of technological turbulence sciencedirect [J] . Journal of Business Research, 2017 (70): 127-135.

[273] Yau O H M, Chow R P M, Sin L Y M, et al. Developing a scale for stakeholder orientation [J] . European Journal of Marketing, 2007, 41 (11/12): 1306-1327.

[274] Yin R. Case study research: Design and methods [M] . Thousand Oaks: Sage Publications, 2003.

［275］Yu Q, Shao H, Duan Z. Research groups of oncology coauthorship network in China ［J］. Scientometrics, 2011, 89 (2): 553-567.

［276］Zaheer A, Gözübüyük, Remzi, et al. It's the connections: The network perspective in interorganizational research ［J］. The Academy of Management Perspectives, 2010, 24 (1): 62-77.

［277］Zahra S A, George G. Absorptive capacity: A review, reconceptualization, and extension ［J］. Academy of Management Review, 2002, 27 (2): 185-203.

［278］Zhao L, Aram J D. Networking and growth of young technology intensive ventures in China ［J］. Journal of Business Venturing, 1995, 10 (5): 349-370.

［279］Zhelyazkov P. Interactions and interests: Collaboration outcomes, competitive concerns, and the limits to triadic closure ［J］. Administrative Science Quarterly, 2018, 63 (1): 210-247.

［280］Zhu F, Iansiti M. Entry into platform based markets ［J］. Strategic Management Journal, 2012, 33 (1): 88-106.

［281］Zobel A K, Hagedoorn J. Implications of open innovation for organizational boundaries and the governance of contractual relations ［J］. Academy of Management Perspectives, 2020, 34 (3): 400-423.

［282］白景坤, 张雅, 李思晗. 平台型企业知识治理与价值共创关系研究 ［J］. 科学学研究, 2020, 38 (12): 2193-2201.

［283］鲍明旭, 董钊, 朱秀梅. 手段导向与创业拼凑研究——知识治理能力和创业激情的权变作用 ［J］. 技术经济与管理研究, 2019 (6): 55-61.

［284］陈劲, 董富全. 开放式服务创新协同机制研究——以 D 公司阅读基地为例 ［J］. 科学学研究, 2014, 32 (9): 1390-1395.

［285］陈培祯, 曾德明. 网络位置、知识基础对企业新产品开发绩效的影响 ［J］. 管理评论, 2019, 31 (11): 128-138.

［286］陈旭升, 董和琴. 知识共创、网络嵌入与突破性创新绩效研究——来自中国制造业的实证研究 ［J］. 科技进步与对策, 2016, 33 (22): 137-145.

［287］陈昭全, 张志学. 组织与管理研究的实证方法 ［M］. 北京: 北京大学出版社, 2012.

［288］陈志明．我国流通企业开放式服务创新模式——基于资源流动方向与创新组织形式整合的视角［J］．中国流通经济，2018，32（10）：8-15．

［289］陈祖胜，叶江峰，林明．网络异位置企业联盟对低位置企业跃迁的效果：合作伙伴网络位置与环境敌对性的调节作用［J］．管理评论，2018，30（1）：136-143．

［290］成思危．认真开展案例研究，促进管理科学及管理教育发展［J］．管理科学学报，2001（5）：1-6．

［291］程东全，顾锋，耿勇．服务型制造中的价值链体系构造及运行机制研究［J］．管理世界，2011（12）：180-181．

［292］迟铭，毕新华，李金秋，等．关系质量视角下移动虚拟社区治理对组织公民行为影响研究——以知识型移动虚拟社区为例［J］．管理评论，2020，32（1）：176-186．

［293］崔杰．母体知识资源分布对衍生企业创业机会影响研究：创业拼凑的调节作用［J］．南开管理评论，2020，23（4）：178-189+212．

［294］戴理达．制造业资本生态的影响因素与优化机制——基于商业生态系统的思考［J］．技术经济与管理研究，2019（4）：111-116．

［295］丁秀好，武素明．IT能力对开放式创新绩效的影响：知识整合能力的中介效应［J］．管理评论，2020，32（10）：147-157．

［296］窦军生，贾生华．"家业"何以长青？——企业家个体层面家族企业代际传承要素的识别［J］．管理世界，2008（9）：105-117．

［297］段龙龙，王林梅．营商环境、中小企业成长与地区创新能力［J］．数量经济研究，2021，12（1）：92-110．

［298］范钧，梁号天．社区创新氛围与外向型知识共创：内部人身份认知的中介作用［J］．科学学与科学技术管理，2017，38（11）：71-82．

［299］范钧，聂津君．企业—顾客在线互动、知识共创与新产品开发绩效［J］．科研管理，2016，37（1）：119-127．

［300］冯文娜，姜梦娜，孙梦婷．市场响应、资源拼凑与制造企业服务化转型绩效［J］．南开管理评论，2020，23（4）：84-95．

［301］符峰华，蒙生儒，刘刚．高新技术企业社会联系与创新绩效关系的实证研究——基于资源拼凑和创新搜索强度的中介调节效应［J］．预测，2018，

37（4）：17-23.

[302] 韩炜，邓渝．商业生态系统研究述评与展望［J］．南开管理评论，2020，23（3）：14-27.

[303] 韩炜，杨俊，胡新华，等．商业模式创新如何塑造商业生态系统属性差异？——基于两家新创企业的跨案例纵向研究与理论模型构建［J］．管理世界，2021，37（1）：7+88-107.

[304] 何新明，林澜．企业利益相关者导向：组织特征与外部环境的影响［J］．南开管理评论，2010（4）：56-61.

[305] 何新明．营销价值观与组织绩效关系的实证研究：兼论企业所有制的影响［J］．中国工业经济，2006（8）：117-124.

[306] 何一清，崔连广，张敬伟．互动导向对创新过程的影响：创新能力的中介作用与资源拼凑的调节作用［J］．南开管理评论，2015，18（4）：96-105.

[307] 和征，张志钊，李勃．服务型制造企业开放式服务创新的声誉激励模型［J］．运筹与管理，2020，29（9）：232-239.

[308] 贺小刚，张远飞，连燕玲．高管离任前的盈余管理：公司治理机制能起到作用吗？［J］．经济管理，2012，34（11）：113-124.

[309] 亨利·切斯布朗，维姆·范哈弗贝克，乔·韦斯特．开放式创新：创新方法论之新语境［M］．扈喜林，译．上海：复旦大学出版社，2016.

[310] 亨利·切斯布朗．开放式服务创新：新形势下企业生存与发展的再思考［M］．蔺雷，张晓思，译．北京：清华大学出版社，2013.

[311] 洪雁．中国组织情境下领导越轨行为的分类框架及效能机制研究［D］．浙江大学博士学位论文，2012.

[312] 侯典牧．社会调查研究方法［M］．北京：北京大学出版社，2014.

[313] 胡保亮，赵田亚，闫帅．高管团队行为整合、跨界搜索与商业模式创新［J］．科研管理，2018，39（12）：37-44.

[314] 胡海波，卢海涛，王节祥，等．众创空间价值共创的实现机制：平台视角的案例研究［J］．管理评论，2020，32（9）：323-336.

[315] 胡望斌，张玉利．新企业创业导向的测量与功效：基于中国经验的实证研究［J］．管理评论，2012，24（3）：40-48+57.

[316] 华中生，魏江，周伟华，等．网络环境下服务科学与创新管理研究展

望［J］．中国管理科学，2018，26（2）：186-196.

［317］黄艳，陶秋燕，高腾飞．资源拼凑：起源、研究脉络与理论框架［J］．科技进步与对策，2020（1）：1-10.

［318］黄艳，陶秋燕，孟猛猛．社会网络、资源拼凑与新创企业的创新绩效［J］．技术经济，2017，36（10）：31-37+106.

［319］黄中伟，王宇露．关于经济行为的社会嵌入理论研究述评［J］．外国经济与管理，2007（12）：1-8.

［320］简兆权，王晨，陈键宏．战略导向、动态能力与技术创新：环境不确定性的调节作用［J］．研究与发展管理，2015，27（2）：65-76.

［321］姜尚荣，乔晗，张思，等．价值共创研究前沿：生态系统和商业模式创新［J］．管理评论，2020，32（2）：3-17.

［322］姜忠辉，罗均梅，孟朝月．动态能力、结构洞位势与持续竞争优势——青岛红领1995—2018年纵向案例研究［J］．研究与发展管理，2020，32（3）：152-164.

［323］蒋海萍，许皓，叶岚．多主体参与和产品创新绩效：知识共创的复合中介机制［J］．科学学与科学技术管理，2020，41（7）：24-39.

［324］蒋楠，赵嵩正，吴楠．服务型制造企业服务提供、知识共创与服务创新绩效［J］．科研管理，2016，37（6）：57-64.

［325］李非，祝振铎．基于动态能力中介作用的资源拼凑及其功效实证［J］．管理学报，2014（4）：562-568.

［326］李海东，欧阳桃花，张纯，等．从工业遗产到文创产业平台：资源拼凑理论视角——以景德镇陶溪川为案例［J］．管理学报，2021，18（3）：328-336.

［327］李慧，唐晓莹．利益相关者导向与企业绩效关系分析：绿色创新的中介效应［J］．科技进步与对策，2017，34（9）：6-12.

［328］李天柱，马佳，侯锡林．需求导向的政府科技服务创新案例研究——以东莞松山湖高新区为例［J］．科学学与科学技术管理，2016，37（9）：58-66.

［329］李小东，龚本刚，张晨，等．面向顾客模糊性要求的服务交互价值共创研究［J］．中国管理科学，2022，30（2）：234-243.

［330］靳小翠．企业社会责任会影响社会资本吗？——基于市场竞争和法律制度的调节作用研究［J］．中国软科学，2018（2）：129-139.

［331］柯江林，孙健敏，王娟．职场精神力量表的开发及信效度检验［J］．中国临床心理学杂志，2014，22（5）：826-830.

［332］林曦．弗里曼利益相关者理论评述［J］．商业研究，2010（8）：66-70.

［333］刘立娜，于渤．知识和组织惯例互动演化视角下后发企业动态能力的微观基础［J］．管理学报，2019，16（7）：1044-1053.

［334］刘露，郭海．新创企业资源拼凑研究现状与未来研究展望［J］．现代管理科学，2017（9）：64-66.

［335］刘满凤，赵珑．互联网金融视角下小微企业融资约束问题的破解［J］．管理评论，2019，31（3）：39-49.

［336］刘鹏程，孙新波，张大鹏，等．组织边界跨越能力对开放式服务创新的影响研究［J］．科学学与科学技术管理，2016，37（11）：136-151.

［337］刘人怀，王娅男．创业拼凑对创业学习的影响研究——基于创业导向的调节作用［J］．科学学与科学技术管理，2017，38（10）：135-146.

［338］刘晓璇，林成华．研究型大学研究生跨学科培养模式的要素识别与模式构建——基于内容分析法的多案例研究［J］．中国高教研究，2019（1）：66-71.

［339］刘小元，蓝子淇，葛建新．机会共创行为对社会企业成长的影响研究——企业资源的调节作用［J］．研究与发展管理，2019，31（1）：21-32.

［340］刘学元，丁雯婧，赵先德．企业创新网络中关系强度、吸收能力与创新绩效的关系研究［J］．南开管理评论，2016，19（1）：30-42.

［341］刘一武．新创企业资源拼凑下创业机会开发模式研究［J］．重庆科技学院学报（社会科学版），2017（11）：57-62.

［342］罗伯特·殷．案例研究设计与方法（第4版）［M］．重庆：重庆大学出版社，2010.

［343］罗青军，项保华．市场导向与企业绩效关联研究［J］．经济管理，2003（10）：4-14.

［344］罗胜强，姜嬿．管理学问卷调查研究方法［M］．重庆：重庆大学出

版社，2014.

［345］罗兴武，刘洋，项国鹏，等．中国转型经济情境下的商业模式创新：主题设计与量表开发［J］．外国经济与管理，2018，40（1）：33-49.

［346］罗仲伟．网络组织的特性及其经济学分析（下）［J］．外国经济与管理，2000（7）：13-18.

［347］罗仲伟，任国良，焦豪，等．动态能力、技术范式转变与创新战略——基于腾讯微信"整合"与"迭代"微创新的纵向案例分析［J］．管理世界，2014（8）：152-168.

［348］马浩．战略管理学50年：发展脉络与主导范式［J］．外国经济与管理，2017，39（7）：15-32.

［349］马柯航．虚拟整合网络能力对创新绩效的作用机制研究——知识资源获取的中介作用［J］．科研管理，2015，36（8）：60-67.

［350］宁连举，孙中原，袁雅琴，等．基于交易成本理论的商业生态系统形成与演化机制研究［J］．经济问题，2020（6）：8-18.

［351］欧阳桃花．试论工商管理学科的案例研究方法［J］．南开管理评论，2004（2）：100-105.

［352］潘松挺，蔡宁．企业创新网络中关系强度的测量研究［J］．中国软科学，2010（5）：108-115.

［353］潘松挺．网络关系强度与技术创新模式的耦合及其协同演化［D］．浙江大学博士学位论文，2009.

［354］彭本红，江慧，武柏宇．平台企业开放式服务创新风险治理能力影响因素的跨层次研究［J］．中国科技论坛，2020（5）：61-71.

［355］彭本红，鲁倩．平台型企业开放式服务创新的风险成因及作用机制［J］．科学学研究，2018，36（1）：183-192.

［356］彭本红，武柏宇．跨界搜索、动态能力与开放式服务创新绩效［J］．中国科技论坛，2017（1）：32-39.

［357］彭本红，武柏宇．平台企业的合同治理、关系治理与开放式服务创新绩效——基于商业生态系统视角［J］．软科学，2016，30（5）：78-81+118.

［358］彭本红，武柏宇．制造业企业开放式服务创新生成机理研究——基于探索性案例分析［J］．研究与发展管理，2016，28（6）：114-125.

［359］彭本红，仲钊强．治理机制、网络嵌入对平台企业开放式服务创新绩效的影响［J］．科技进步与对策，2021，38（3）：96-105.

［360］彭伟，符正平．联盟网络、资源整合与高科技新创企业绩效关系研究［J］．管理科学，2015，28（3）：26-37.

［361］彭伟，于小进，郑庆龄，等．资源拼凑、组织合法性与社会创业企业成长——基于扎根理论的多案例研究［J］．外国经济与管理，2018，40（12）：55-70.

［362］彭正银，黄晓芬，隋杰．跨组织联结网络、信息治理能力与创新绩效［J］．南开管理评论，2019，22（4）：187-198.

［363］齐宝鑫，武亚军．战略管理视角下利益相关者理论的回顾与发展前瞻［J］．工业技术经济，2018，37（2）：3-12.

［364］钱锡红，徐万里，杨永福．企业网络位置、间接联系和创新绩效［J］．中国工业经济，2010（2）：78-88.

［365］钱锡红，杨永福，徐万里．企业网络位置、吸收能力与创新绩效——一个交互效应模型［J］．管理世界，2010（5）：118-129.

［366］秦剑．基于创业管理视角的创业拼凑理论发展及其实证应用研究［J］．管理评论，2012，24（9）：94-102.

［367］盛亚，蒋旭弘．利益相关者网络视角的企业社会创新过程——案例研究［J］．科研管理，2020，41（8）：160-170.

［368］施萧萧，张庆普．网络嵌入对企业突破性创新能力影响研究——以网络分裂断层为调节变量［J］．科学学与科学技术管理，2021，42（1）：90-109.

［369］史伟，申俊龙．社会资本对组织内部知识共创的影响——来自中国名医工作室的经验证据［J］．科技管理研究，2018，38（19）：165-171.

［370］宋华，冯云霞，喻开．利益相关者导向会影响供需双方的关系绩效吗？［J］．管理评论，2014，26（7）：170-180.

［371］宋耘，王婕．网络特征和知识属性对企业创新绩效的影响［J］．管理科学，2020，33（3）：63-77.

［372］苏芳，毛基业，谢卫红．资源贫乏企业应对环境剧变的拼凑过程研究［J］．管理世界，2016（8）：137-149+188.

［373］孙博，刘善仕，葛淳棉，等．人才流动网络对企业创新速度的影响研

究［J］. 科学学研究, 2021, 39（6）: 1120-1129.

　　［374］孙海法, 刘运国, 方琳. 案例研究的方法论［J］. 科研管理, 2004（2）: 107-112.

　　［375］孙锐, 周飞. 企业社会联系、资源拼凑与商业模式创新的关系研究［J］. 管理学报, 2017, 14（12）: 1811-1818.

　　［376］谭云清, 翟森竞. 关系嵌入、资源获取与中国 OFDI 企业国际化绩效［J］. 管理评论, 2020, 32（2）: 29-39.

　　［377］陶小龙, 刘珊, 钟雨芮, 等. 大数据应用与企业开放式创新的协同演化——基于扎根理论的对比性案例研究［J］. 科技进步与对策, 2021, 38（5）: 69-78.

　　［378］尚甜甜, 缪小明, 刘瀚龙, 等. 资源约束下颠覆性创新过程机制研究［J］. 中国科技论坛, 2021（1）: 35-43+54.

　　［379］涂科, 杨学成, 苏欣, 等. 共享经济中供应用户角色压力对持续价值共创行为的影响［J］. 南开管理评论, 2020, 23（6）: 88-98.

　　［380］屠羽, 彭本红. 双重社会资本、二元学习与平台企业开放式服务创新绩效［J］. 科技进步与对策, 2017, 34（16）: 83-90.

　　［381］王国红, 秦兰, 邢蕊, 等. 新企业创业导向转化为成长绩效的内在机理研究——以创业拼凑为中间变量的案例研究［J］. 中国软科学, 2018（5）: 135-146.

　　［382］王国猛, 李丽, 赵曙明. 组织中员工情绪创造力维度的建构与测量问卷的开发［J］. 软科学, 2018, 32（11）: 101-104.

　　［383］王健. 涅槃中重生: 企业如何超越衰落的藩篱获得竞争优势?［J］. 科学学研究, 2021, 39（1）: 111-118.

　　［384］王今. 基于层次分析法的政府开放数据网站评价体系研究［D］. 黑龙江大学硕士学位论文, 2017.

　　［385］王今. 利益相关者导向对开放式服务创新的影响机制研究［D］. 吉林大学博士学位论文, 2021.

　　［386］王今, 马海群, 邹纯龙. 国家情报评估与决策的关系——基于多源流理论和认知心理学双重视角［J］. 图书情报工作, 2022, 66（2）: 22-31.

　　［387］王今, 马海群. 基于企业生态系统的数据开放与安全协同管理评价体

系研究 [J]．现代情报，2018，38（9）：12-18+23．

[388] 王今，马海群．政府开放数据质量的用户满意度评价研究 [J]．现代情报，2016，36（9）：4-9．

[389] 王坤，骆温平．开放式服务创新联盟：理论架构与概念模型 [J]．科技管理研究，2016，36（16）：22-26．

[390] 王乐，龙静．不同环境下效果推理、因果推理与创业拼凑的关系——基于阴阳观视角 [J]．科学学与科学技术管理，2019，40（9）：101-118．

[391] 王莉，任浩．虚拟创新社区中消费者互动和群体创造力——知识共享的中介作用研究 [J]．科学学研究，2013，31（5）：701-710．

[392] 王立勇，常清．服务业开放政策效果评估：来自准自然实验的经验证据 [J]．数量经济研究，2020，11（3）：14-31．

[393] 王娜，陈春琴．开放式服务创新：一个基于网络化及过程视角的概念框架 [J]．管理现代化，2016，36（2）：56-58．

[394] 王启亮，傅鸿震．利益相关者导向对企业绩效影响机制的实证研究 [J]．经济经纬，2010（6）：61-65．

[395] 王启亮，虞红霞．利益相关者导向、企业文化与企业绩效的关系研究——以福建省内企业为例 [J]．商业经济与管理，2010（1）：46-50．

[396] 王晓娟．知识网络与集群企业创新绩效——浙江黄岩模具产业集群的实证研究 [J]．科学学研究，2008，26（4）：874-879．

[397] 王欣，徐明．组织吸收能力、服务流程创新与服务创新绩效——顾客导向视角的混合模型分析 [J]．科技进步与对策，2017，34（12）：16-21．

[398] 王兆群，胡海青，张丹，等．环境动态性下创业拼凑与新创企业合法性研究 [J]．华东经济管理，2017，31（10）：36-42．

[399] 温素彬．绩效立方体：基于可持续发展的企业绩效评价模式研究 [J]．管理学报，2010，17（3）：354-358．

[400] 吴芳，张岩．基于工具性利益相关者视角的员工责任与企业创新绩效研究 [J]．管理学报，2021，18（2）：203-212．

[401] 吴亮，张建琦，刘衡．创业拼凑与中小企业绩效研究：来自广东企业的经验证据 [J]．广东财经大学学报，2018，33（6）：89-101．

[402] 吴亮，赵兴庐，张建琦．以资源拼凑为中介过程的双元创新与企业绩

效的关系研究 [J]．管理学报，2016，13（3）：425-431.

[403] 奚雷，彭灿，杨红．资源拼凑对双元创新协同性的影响：环境动态性的调节作用 [J]．技术经济，2017，36（4）：1-5+62.

[404] 辛本禄，王今．大数据时代生产性服务业信息服务模式探究 [J]．情报资料工作，2018（6）：81-89.

[405] 辛本禄，王今．利益相关者导向对开放式服务创新的影响研究 [J]．软科学，2019，33（1）：56-59.

[406] 徐金发，许强，王勇．企业的网络能力剖析 [J]．外国经济与管理，2001（11）：21-25.

[407] 徐万里，孙海法，王志伟，等．中国企业战略执行力维度结构及测量 [J]．中国工业经济，2008（10）：97-108.

[408] 徐雪娇．创业拼凑对新创企业绩效的作用机制研究 [D]．吉林大学博士学位论文，2018.

[409] 徐勇，邱兵．网络位置与吸收能力对企业绩效的影响研究 [J]．中山大学学报（社会科学版），2011，51（3）：199-208.

[410] 闫华飞，胡蓓．产业集群创业行为维度结构与测量 [J]．科技进步与对策，2014，31（19）：51-57.

[411] 杨洁篪．推动构建人类命运共同体 [N]．人民日报，2017-11-19 (6)．

[412] 杨俊，张玉利，杨晓非，等．关系强度、关系资源与新企业绩效——基于行为视角的实证研究 [J]．南开管理评论，2009，12（4）：44-54.

[413] 杨学成，涂科．平台支持质量对用户价值共创公民行为的影响——基于共享经济背景的研究 [J]．经济管理，2018（3）：128-144.

[414] 叶笛，刘震宇，林东清．管理信息系统开发中用户和开发者间知识共创性问题研究 [J]．管理学报，2014，11（1）：101-106.

[415] 于晓宇，李雅洁，陶向明．创业拼凑研究综述与未来展望 [J]．管理学报，2017，14（2）：306-316.

[416] 于飞，袁胜军，胡泽民．知识基础、知识距离对企业绿色创新影响研究 [J]．科研管理，2021，42（1）：100-112.

[417] 邹国庆，尹雪婷．商业模式设计与企业绩效：制度环境的调节作用 [J]．数量经济研究，2019，10（3）：178-192.

[418] 詹姆斯·弗·穆尔. 竞争的衰亡：商业生态系统时代的领导和战略 [M]. 梁骏，等译. 北京：北京出版社，1999.

[419] 张海军. 跨界搜索、知识整合能力对制造业企业服务创新的影响机制研究 [D]. 南开大学博士学位论文，2017.

[420] 张建琦，安雯雯，尤成德，等. 基于多案例研究的拼凑理念、模式双元与替代式创新 [J]. 管理学报，2015，12（5）：647-656.

[421] 张建琦，吴亮，赵兴庐. 企业拼凑模式选择对创新结果的影响——基于领域双元的研究视角 [J]. 科技进步与对策，2015，32（11）：61-66.

[422] 张珺涵，罗守贵. 开放式商业模式构成要素对金融科技企业两阶段创新绩效的影响 [J]. 研究与发展管理，2020，32（6）：152-164.

[423] 张美星，朱平芳. 上海服务业先行指数构建、预测与区制状态研究 [J]. 数量经济研究，2020，11（2）：114-132.

[424] 张敏. 资源拼凑会抑制企业家精神吗？——基于环境不确定及政商关系的调节效应检验 [J]. 科学学研究，2020，38（5）：886-894.

[425] 张培，杨迎. 服务创新中多主体参与的知识共创：一个整合的分析框架 [J]. 图书馆工作与研究，2017（7）：34-40.

[426] 张新民，陈德球. 移动互联网时代企业商业模式、价值共创与治理风险——基于瑞幸咖啡财务造假的案例分析 [J]. 管理世界，2020，36（5）：11+74-86.

[427] 张镒，刘人怀，陈海权. 商业生态系统中的平台领导力影响因素——基于扎根理论的探索性研究 [J]. 南开管理评论，2020，23（3）：28-38+131.

[428] 张颖，孙林岩，冯泰文. 从市场导向到利益相关者导向——基于企业可持续发展视角 [J]. 科技进步与对策，2014，31（13）：7-10.

[429] 赵斌，栾虹，李新建，等. 科技人员主动创新行为：概念界定与量表开发 [J]. 科学学研究，2014，32（1）：72+148-157.

[430] 赵武，王珂，秦鸿鑫. 开放式服务创新动态演进及协同机制研究 [J]. 科学学研究，2016，34（8）：1232-1243.

[431] 赵兴庐，张建琦，刘衡. 能力建构视角下资源拼凑对新创企业绩效的影响过程研究 [J]. 管理学报，2016，13（10）：1518-1524.

[432] 赵兴庐，张建琦. 以创业拼凑为过程的新创企业的新颖性形成机制研

究 [J]．科技管理研究，2016，36（20）：183-189．

[433] 赵兴庐，张建琦．资源拼凑与企业绩效——组织结构和文化的权变影响 [J]．经济管理，2016，38（5）：165-175．

[434] 张秀娥，张坤．创业导向对新创社会企业绩效的影响——资源拼凑的中介作用与规制的调节作用 [J]．科技进步与对策，2018，35（9）：91-99．

[435] 郑震．社会学方法的综合——以问卷法和访谈法为例 [J]．社会科学，2016（11）：93-100．

[436] 郑帅，王海军．模块化下企业创新生态系统结构与演化机制——海尔集团 2005—2019 年的纵向案例研究 [J]．科研管理，2021，42（1）：33-46．

[437] 钟琦，杨雪帆，吴志樵．平台生态系统价值共创的研究述评 [J]．系统工程理论与实践，2021，41（2）：421-430．

[438] 周飞，沙振权，孙锐．市场导向、资源拼凑与商业模式创新的关系研究 [J]．科研管理，2019，40（1）：113-120．

[439] 周飞，钟泓琳，林一帆．外部创新知识搜寻、资源拼凑与双向开放创新的关系 [J]．科研管理，2020，41（8）：23-30．

[440] 周健明，张新圣，周永务．资源拼凑、团队即兴与初创企业新产品开发绩效 [J]．科研管理，2019，40（1）：52-60．

[441] 周键，王庆金，周雪．国外开放式服务创新研究的学术群类——基于作者共被引分析 [J]．中国科技论坛，2018（1）：150-157．

[442] 周键，杨鹏，刘玉波．新创企业何以达成商业模式创新？——内外部关系嵌入和资源拼凑视角 [J]．软科学，2021，35（5）：93-98．

[443] 周伶，山峻，张津．联合投资网络位置对投资绩效的影响——来自风险投资的实证研究 [J]．管理评论，2014，26（12）：160-169+181．

[444] 朱晓红，陈寒松，张腾．知识经济背景下平台型企业构建过程中的迭代创新模式——基于动态能力视角的双案例研究 [J]．管理世界，2019，35（3）：142-156+207-208．

[445] 祝振铎，李非．创业拼凑、关系信任与新企业绩效实证研究 [J]．科研管理，2017，38（7）：108-116．

[446] 左文明，黄枫璇，毕凌燕．分享经济背景下价值共创行为的影响因素——以网约车为例 [J]．南开管理评论，2020，23（5）：183-193．

附录一 访谈提纲

一、访谈基础情况

访谈时间：

访谈地点：

访谈时长：

访谈对象及所处企业基本信息（公司职位、从事行业、公司人数）：

二、访谈目的

目前，我们正在做一项关于我国企业开放式服务创新的研究，探讨的一个重要议题是何谓开放式服务创新。这在学术上被定义为：企业从服务的角度重新思考一切业务，通过与利益相关者建立合作实现开放式资源整合，以促成服务型商业模式的升级到商业生态平台的构建。

现阶段我们主要想在企业中开展调研以充分了解实际情况，期望能为今后的管理实践提供一些有价值的参考和建议。我们对谈论的内容会进行适当的记录，涉及公司和您个人的任何资料都会严格保密，请您放心。

三、请举例说明您在过去工作中观察到或在管理实践中认为的开放式服务创新，并具体阐述您对它的认识。

举例：美国最大的会员制超市——好市多（COSTO）

好市多在深度挖掘消费者需求的基础上，依托其零售业务平台，在附加服务、增值服务方面增进与外部异质性产品和服务供应商的开放合作，将生活、休闲、娱乐、金融等各类项目加入好市多的会员服务项目。同时，从全球 23900 名全职和兼职员工中获取创意，从社交媒体、互联网社区中获取创意，与科研院所合作进行新技术、新业态的研究与开发。好市多利用人工智能、大数据等互联网技术同时建立形成线上线下一体化的智能、生态型顾客服务体验系统满足顾客功能、情感、生活变化、社会影响等各个层次的服务需求。

附录二　量表调查问卷

尊敬的先生/女士：

您好！感谢您能够参加本次调研。本问卷旨在探讨开放式服务创新如何测量的问题。请您根据贵企业实际情况选择与您看法相符或者最为接近的选项填写。您的意见对于我们的研究及其结论具有重要价值，恳请您不吝笔墨，拨冗答复。

我们向您郑重承诺：本次调研所获取的数据资料仅用于学术研究，调研过程采取完全匿名的方式，任何涉及您身份或显示企业情况的信息均会严格保密。

再次衷心感谢您对本次调研的热情参与和支持！

吉林大学商学院

第一部分：基本信息

1. 您的性别：□男　□女
2. 您的学历：□本科及以下　　□硕士研究生　　□博士研究生及以上
3. 您的职级：□基层管理者　　□中层管理者　　□高层管理者
4. 您所在的企业总部位于_____省_____市
5. 您所在的企业所有制类型为：□国有　　□外资　　□合资　　□民营
6. 您所在的企业员工数量：□100 人及以下　　□101～500 人　　□501～1000 人　　□1000 人以上
7. 您的企业所属行业：

□农、林、牧、渔业　□采矿业　□制造业　□电力、热力、燃气及水生产和供应业　□建筑业　□交通运输、仓储和邮政业　□信息传输、软件和信息技

术服务业 □批发和零售业 □住宿和餐饮业 □金融业 □房地产业 □租赁和商务服务业 □科学研究和技术服务业 □水利、环境和公共设施管理业 □居民服务、修理和其他服务业 □教育 □卫生和社会工作 □文化、体育和娱乐业 □公共管理、社会保障和社会组织 □国际组织 □其他_____

第二部分：问卷

提示：

☆ 您对于所有问题的回答均立足于您所在企业的情况，而非对所在行业整体情况的评价。

☆ 将您企业的情况与问卷题项陈述进行对比，"1"表示程度极低或完全不符合，"5"表示程度极高或完全符合。

☆ 请您根据贵公司客观情况在对应的选项上打"√"或画圈。

序号	开放式服务创新	完全不符合(1)	有些不符合(2)	不确定(3)	有些符合(4)	完全符合(5)
1	我们认为服务经济是主导企业一切活动的基础					
2	相比产品而言，开发新的服务或服务解决方案更重要					
3	我们愿意加强与客户的交往互动					
4	我们会以客房的价值需求为导向					
5	我们会经常扫描外部环境并引入外部技术、专利与知识等					
6	我们会在开发新服务过程中积极寻求外部主体（如研发机构、大学、供应商、顾客和竞争对手等）的知识和技术源					
7	我们会经常向外部授权、转让技术和专利					
8	我们认为公开企业部分核心知识将有利于企业竞争优势					
9	我们会提供服务或服务解决方案来形成新的收益模式					
10	我们会通过调整组织架构或重组内部结构来适应服务化收益模式的变化					
11	我们会通过建立平台的方式让供应商、顾客、员工等更多主体参与进来					
12	我们有足够的资源和领导力搭建商业平台					

附录三 影响机制调研问卷

尊敬的先生/女士：

您好！衷心感谢您于百忙之中参与本次问卷调研。本问卷旨在探讨践行利益相关者导向战略的企业如何通过资源拼凑和知识共创促进开放式服务创新的问题。本问卷主要涉及开放式服务创新、利益相关者导向、资源拼凑、知识共创、跨组织联结网络等方面的内容，请您根据贵企业实际情况选择与您看法相符或者最为接近的选项填写。您的意见对于我们的研究及其结论具有重要价值，恳请您不吝笔墨，拨冗答复。

在此我们向您郑重承诺：我们将秉承真实、保密的原则，您的回答将会被如实记录并只做研究使用，并且不会涉及您的个人隐私，问卷填写不记名，请放心作答！最后衷心地感谢您的合作与支持，祝您身体健康，万事如意！

吉林大学商学院

第一部分：基本信息

1. 您的性别：□男 □女

2. 您的学历：□本科及以下 □硕士研究生 □博士研究生及以上

3. 您的职级：□基层管理者 □中层管理者 □高层管理者

4. 您所在的企业总部位于_____省_____市

5. 您所在的企业所有制类型为：□国有 □外资 □合资 □民营

6. 您所在的企业员工数量：□100人及以下 □101~500人 □501~1000人 □1000人以上

7. 您的企业所属行业：

□农、林、牧、渔业　□采矿业　□制造业　□电力、热力、燃气及水生产和供应业　□建筑业　□交通运输、仓储和邮政业　□信息传输、软件和信息技术服务业　□批发和零售业　□住宿和餐饮业　□金融业　□房地产业　□租赁和商务服务业　□科学研究和技术服务业　□水利、环境和公共设施管理业　□居民服务、修理和其他服务业　□教育　□卫生和社会工作　□文化、体育和娱乐业　□公共管理、社会保障和社会组织　□国际组织　□其他＿＿＿＿＿＿＿＿

8. 请问贵公司提供的服务业务主要包括（多选）：

□农林牧渔服务业　□交通运输、仓储和邮政业　□信息传输、计算机服务和软件业　□批发和零售业　□住宿和餐饮业　□金融业（银行业、证券业、保险业、其他金融活动）　□房地产业　□租赁和商务服务业　□科学研究、技术服务和地质勘查业　□水利、环境和公共设施管理业　□居民服务和其他服务业　□教育　□卫生、社会保障和社会福利业　□文化、体育和娱乐业　□公共管理和社会组织、国际组织　□其他＿＿＿＿＿＿＿＿

第二部分：问卷

提示：

☆　您对于所有问题的回答均立足于您所在企业的情况，而非对所在行业整体情况的评价。

☆　将您企业的情况与问卷题项陈述进行对比，"1"表示程度极低或完全不符合，"5"表示程度极高或完全符合。

☆　请您根据贵公司客观情况在对应的选项上打"√"或画圈。

（问卷A）

序号	利益相关者导向	完全不符合(1)	有些不符合(2)	不确定(3)	有些符合(4)	完全符合(5)
1	我们竞争战略的制定基于对客户需求的理解					
2	我们认为客户满意度需要经常被系统评估					
3	我们服务于客户需求的承诺被密切监测					

续表

序号	利益相关者导向	完全 不符合 (1)	有些 不符合 (2)	不确定 (3)	有些 符合 (4)	完全 符合 (5)
4	我们会密切关注售后服务					
5	我们目标和策略的驱动力来自让客户满意					
6	我们的销售人员会分享有关竞争对手的信息					
7	我们的高层定期讨论竞争对手的优势和劣势					
8	我们会对于竞争行为给出应对措施					
9	当我们有机会获得竞争优势时,我们会迅速锁定目标客户					
10	我们认为为股东创造价值很重要					
11	我们的高级管理人员和股东有定期会议					
12	我们经常与竞争对手的股权价值作比较					
13	我们会定期开展针对股东的公关					
14	我们有专门的经理负责满足股东利益					
15	我们会定期进行员工考核,讨论员工需求					
16	我们会与员工定期举行工作人员会议					
17	作为管理者,我们试图找出工作人员对他们工作的真实感受					
18	我们会每年至少调查一次员工,评估他们对工作的态度					

(问卷 B)

序号	资源拼凑	完全 不符合 (1)	有些 不符合 (2)	不确定 (3)	有些 符合 (4)	完全 符合 (5)
1	我们对通过手边资源来找出可行方案很有信心					
2	我们很乐意利用手边的资源应对多样化挑战					
3	我们会用那些手边资源应对新的问题和挑战					
4	我们通过对手边资源的组合来应对新挑战					
5	在处理新的问题或机遇时,我们采取行动的前提是找到可行的解决办法					

续表

序号	资源拼凑	完全 不符合 (1)	有些 不符合 (2)	不确定 (3)	有些 符合 (4)	完全 符合 (5)
6	通过整合手边资源，我们完成了各种新的挑战					
7	当我们面临新的挑战时，我们将现有的资源整合形成可行的解决方案					
8	我们整合手边资源能完成原本做不到的任务					

（问卷 C）

序号	开放式服务创新	完全 不符合 (1)	有些 不符合 (2)	不确定 (3)	有些 符合 (4)	完全 符合 (5)
1	我们认为服务经济是主导企业一切活动的基础					
2	相比产品而言，开发新的服务或服务解决方案更重要					
3	我们愿意加强与客户的交往互动					
4	我们会经常扫描外部环境并引入外部技术、专利与知识等					
5	我们会在开发新服务过程中积极寻求外部主体的（如研发机构、大学、供应商、顾客和竞争对手等）知识和技术源					
6	我们会经常向外部授权、转让技术和专利					
7	我们认为公开企业部分核心知识将有利于企业竞争优势					
8	我们会积极提供服务或服务解决方案来形成新的收益模式					
9	我们会调整组织架构或重组内部结构来适应服务化收益模式的变化					
10	我们会通过建立平台的方式让供应商、顾客、员工等更多主体参与进来					

（问卷 D）

序号	知识共创	完全 不符合 (1)	有些 不符合 (2)	不确定 (3)	有些 符合 (4)	完全 符合 (5)
1	我们能挖掘出顾客的潜在需求或顾客自己无法清楚表达的需求					

续表

序号	知识共创	完全不符合(1)	有些不符合(2)	不确定(3)	有些符合(4)	完全符合(5)
2	我们将各种不同信息和知识融合，提出新概念或产生新知识					
3	我们将各种不同信息和知识融合，产生新的产品开发解决方案					
4	我们新产品的开发总能符合预期的成本要求					
5	我们开发的新产品总能达到预期的顾客满意度					
6	我们开发的新产品总能达到预期的利润目标					

（问卷 E）

序号	跨组织联结网络	完全不符合(1)	有些不符合(2)	不确定(3)	有些符合(4)	完全符合(5)
1	我们企业在行业内有很高的决策主动权					
2	我们企业与具有不同规模、技术水平和产业类型的企业有着广泛联系					
3	我们在行业内有很高的知名度					
4	我们与合作伙伴共享紧密的社会关系					
5	我们与合作伙伴之间的交流非常频繁					
6	我们与合作伙伴之间涉及多范围的广泛项目					
7	在合作中我们能通过更低成本获取关键性资源					
8	合作企业很愿意向我们转移技术、知识等资源					
9	我们企业能够较好地理解、吸收合作企业转移的技术、知识					
10	我们与合作企业相互依赖重视建立长期合作关系					
11	合作企业制定一些决策时通常会考虑到我们的利益					
12	我们非常相信合作企业具有完成合作任务的能力					
13	我们对双方合作企业的成效感到很满意					
14	我们企业可用更低成本终止或替换合作伙伴					
15	我们与合作企业间有很高的合作流程透明度					

————您已经完成了此次问卷，再次感谢您的支持————

经管文库·管理类

前沿·学术·经典

RESEARCH ON STRUCTURE MEASUREMENT
AND IMPACT MECHANISM OF OPEN
SERVICE INNOVATION

开放式服务创新结构测量及影响机制研究

王　今　邹纯龙　著

经济管理出版社

ECONOMY & MANAGEMENT PUBLISHING HOUSE

作者简介

　　王今，1992年生，博士，哈尔滨理工大学经济与管理学院讲师。美国克利夫兰州立大学访问学者，吉林省商业经济学会秘书，冰雪旅游场地装备与智能服务技术文化和旅游部重点实验室成员，省级重点培育智库"黑龙江省人口经济与人才发展战略研究中心"成员。主持及参与国家社科基金重大项目、国家社科基金重点项目、国家社科基金青年项目、黑龙江省社会科学基金项目等7项；发表CSSCI论文近20篇，被引百余次；获得2022年度黑龙江省艺术科学优秀科研成果二等奖等。